Karl Böhm:
Ich erinnere mich ganz genau
Autobiographie

Herausgegeben von Hans Weigel

Deutscher
Taschenbuch
Verlag

Im Text ungekürzte Ausgabe
Juli 1973
Deutscher Taschenbuch Verlag GmbH & Co. KG,
München
© 1968 Diogenes Verlag AG Zürich
Umschlaggestaltung: Celestino Piatti
Lichtsatz: IBV Lichtsatz KG, Berlin
Druck und Bindung: C. H. Beck'sche Buchdruckerei,
Nördlingen
Printed in Germany · ISBN 3-423-00916-0

# Inhalt

Es gibt Dirigenten, unter ihnen auch große, denen sieht und hört man bewundernd zu und denkt dabei: »Gott, muß das schwer sein!«

Und es gibt Dirigenten, unter ihnen nur große, denen sieht und hört man bewundernd zu und denkt dabei: »Gott, muß das leicht sein! «

Das Höchste in der Kunst der Wiedergabe ist erreicht, wenn weiter nichts geschieht, als daß einfach dem Werk wieder gegeben wird, was sein Schöpfer ihm gegeben hat.

Karl Böhm ist ein Großmeister der Wiedergabe, angesichts dessen man zu denken geneigt ist: »Gott, muß das leicht sein! «, ein Musikant von Gottes Gnaden, dessen Persönlichkeit so stark und gefestigt ist, daß sie's nicht nötig hat, sich zu affichieren, sich der Gunst des Publikums bewußt und demonstrativ zu oktroyieren, und so reich, daß er sich's leisten kann, kein Spezialist zu sein (oder besser gesagt: stets Spezialist des jeweiligen Werkes oder Genres, dem er zum Klingen verhilft).

Er ist nicht nur, und auch nicht vor allem, Opern- oder Konzertdirigent, nicht auf Klassisches oder Neues, auf Mozart, Beethoven, Brahms, Wagner, Bruckner, Strauss oder Berg spezialisiert, er ist nicht in einer bestimmten Sparte, sondern in der Musik zu Hause.

Und diese Vielseitigkeit ist um so beglückender und bewundernswerter, als sie Mozart mit einschließt, den erst unser Jahrhundert wirklich erkannt und ganz wahrgenommen hat, dem so wenige Dirigenten von gestern und heute ganz und gar gerecht zu werden vermochten und dem, nach Bruno Walter und Richard Strauss, Karl Böhm als Berufener und Auserwählter für unsere Zeit zu dienen weiß.

Das Dirigieren ist nur dann ein schwieriges Gewerbe, wenn man es nicht kann und nicht mit ihm »spielend« fertig zu werden vermag, und es gelingt um so perfekter, je weniger es sichtbar stattfindet. Manch großer Dirigent steht oder sitzt fast bewegungslos am Pult und überwacht lediglich gespannt den Ablauf dessen, was er in Proben und bei vorangegangenen Aufführungen erarbeitet hat.

Karl Böhm ist zu aktiv, zu temperamentgeladen, um ganz so statisch zu bleiben. Auch dirigiert er zu gern, um beim Dirigieren nicht zu dirigieren. Nicht jeder Dirigent dirigiert ja gern; mancher leidet, mancher duldet, mancher zürnt, indem er seinen Beruf ausübt, aber Karl Böhm ist von positiven Energien erfüllt und erfüllt sich innerlich und äußerlich, geistig und künstlerisch und motorisch, wenn er sich am Pult befindet. Er liebt nicht nur die Musik, sondern auch das, was er für sie tun darf – und Liebe will Höchstes und Erhabenstes in sichtbaren und irdischen Formen ausleben.

Daß er so gern dirigiert, hängt mit seinem Zugang zu seinem Beruf zusammen, und dieser wieder ist ein sehr österreichischer Tatbestand. Denn produktive Österreicher erreichen die Sterne mit Vorliebe dort, wo sie zwar durchaus zu Hause, aber nicht in die Schule gegangen sind, jenseits der in der restlichen Welt vorgeschriebenen Hierarchien des erlernten Berufs. Sie haben sich auf etwas vorbereitet und betreiben etwas anderes. Wenn man sie als Kind gefragt hat: »Was willst du werden, Kleiner?«, haben sie nicht jene besondere Tätigkeit genannt, welche sie dann berühmt gemacht hat.

Karl Böhm hat Klavierspielen, Komponieren und die Musiktheorie erlernt. Dirigieren hat er nicht gelernt, er kann es nur. Und weil er ohne die spezielle schulmeisterliche theoretische Vorbereitung direkt in die Praxis gesprungen ist, bleibt ihm bis heute in seiner Arbeit die Frische und Unmittelbarkeit eines Abenteuers, eines geglückten Experiments.

Er komponiert leider nicht und spielt leider nicht Klavier, denn darin wurde er zu systematisch ausgebildet. Dirigent ist er nicht geworden, sondern von Anfang an gewesen. Er weiß gar nicht, was dabei eine so große Kunst ist, denn bei ihm ist es Natur.

Die österreichischen Götter – Sektion Steiermark – haben ihn gesegnet mit den Gaben des großen Musikanten, für den auch das Höchste und Schwierigste und Komplizierteste und technisch Vertrackteste in das Musikantische einbezogen ist: vom Straußwalzer zum 5/8-, 7/8- und 13/8-Takt im ›Wozzeck‹ spannt sich ein großer Bogen, und am schwierigsten ist nicht das Komplizierte, sondern im Gegenteil Mozart, weil man sich ihm gegenüber besonders demütig und befangen fühlt.

Wenn Karl Böhm mit den Wiener Philharmonikern Mozart spielt, ist ein Summum erreicht, das sich dem Absoluten auf fast verdächtige und unerlaubte Manier annähert.

Obwohl Karl Böhm das Schreiben von Büchern nicht erlernt hat, ist er überraschenderweise kein Schriftsteller.

Als der Wunsch nach seinen »Memoiren« akut wurde, ergab sich das klassische Dilemma aller, die etwas zu sagen hätten, aber nicht zur schreibenden Zunft gehören: Soll man sich als Dilettant auf unsicheres Terrain vorwagen oder soll man sich der in angelsächsischen Ländern üblichen Methode des »as told to« bedienen? Wenn dort der große A in Buchform verewigt werden soll, erzählt er, was er

Das Buch

»Karl Böhm erinnert sich in der Tat ganz genau, an die frühe
Grazer Zeit, an jede Etappe des Aufstiegs, an jeden Orden und
jede Ehrung, an viele liebe und wohlgewogene Menschen, an
jede Salzburger oder Dresdener Premiere und vor allem an jene
Wiener Operndirektionszeit 1955/56, als er die Wankelmütig-
keit der Galerie-Fans zu spüren bekam... Wenn Böhm über
Musik spricht, hält er sich ans Technische des Metiers, läßt er
jede Spekulation beiseite und gibt allenfalls einen triumphalen,
naiven Irrationalismus zu erkennen, wie in den höchst beherzi-
genswerten Auslassungen über die Unerlernbarkeit des Diri-
gierens. Er meidet genialische Redensarten und hält sich an die
technische Seite seiner Kunst: der Typ des umfassenden und
durch nichts zu beirrenden Kapellmeisters alter Schule, sattel-
fest, selbstbewußt, der Praktiker ohne metaphysisches Gewölk
über dem stets klaren Kopf. Beim Gespräch über die Praxis
geht Böhm aus sich heraus, vergißt er den selbstauferlegten
Zwang zur ›offiziellen‹ Böhm-Dokumentation, gibt er unbewußt einen wahren Handweiser der Dirigierkunst, spricht er
frei von der Leber weg über Regie, Musik im Fernsehen, Auswendigdirigieren und Opernroutine. Es fallen exemplarische
Anekdoten. Es ereignen sich auch kleine, vorsichtige Seiten-
hiebe, quasi Dur-Variationen über Böhms gefürchteten, gallig-
raunzenden Sarkasmus.« (Karl Schumann in der ›Süddeutschen
Zeitung‹)


Der Autor

Karl Böhm wurde am 28. 8. 1894 in Graz geboren, studierte dort
Jura und gleichzeitig Musik bei Eusebius Mandyczewski in Wien.
Der Kapellmeister am Stadttheater in Graz wurde 1921 von Bruno
Walter an die Staatsoper nach München geholt, von dort ging er
1927 als Generalmusikdirektor nach Darmstadt, 1931 nach
Hamburg. 1934–42 Direktor der Dresdener Staatsoper, 1943–45
und 1954–56 Direktor der Wiener Staatsoper; seit 1957 häufig als
Gast an der Met in New York. Böhm dirigierte die bedeutendsten
Orchester der Welt und gelangte vor allem als Interpret der Wer-
ke von Mozart, Bruckner und R. Strauss zu hohem Ansehen.
R. Strauss widmete dem Freund 1938 seine Oper ›Daphne‹.

zu sagen hat, einem Professional Z, dieser macht daraus ein Buch, und dieses wird dann bezeichnet als »Erlebtes und Erschautes« von A, as told to Z. Eine derartige Kombination der Persönlichkeit mit einem stilistischen Routinier ist nicht immer glücklich.

Wenn ich in das vorliegende Buch eingeschaltet bin, ist aber keine Rede von der As-told-to-Manier; denn ich wollte nicht ein Mittelding zwischen Friseur und Sprachrohr sein, sondern nur Katalysator zwischen Karl Böhm und Karl Böhm.

Als ich durch einen glücklichen Zufall vor etwa einem Jahr mit Frau Ruth Binde vom Diogenes Verlag in der Kronenhalle zu Zürich mittagaß und wir einige Tische weiter Herrn und Frau Karlheinz Böhm erspäht hatten, als dann Karlheinz Böhm die längst fälligen »Memoiren« ins Gespräch brachte, berichtete ich, wie das Werner-Krauss-Buch ›Das Schauspiel meines Lebens‹ entstanden ist, und erklärte freudig meine Bereitschaft, die gleiche Methode auch mit dem von mir verehrten Dr. Karl Böhm zu praktizieren.

So verbrachte ich denn im Dezember 1967 viele Stunden in der Wohnung Dr. Böhms, Wien-Grinzing. Ich saß ihm gegenüber und ließ mir von ihm erzählen und bemühte mich, ihn vergessen zu machen, daß hinter ihm die Dame saß, die auch bei Werner Krauss in der Porzellangasse, Wien IX, gesessen war und stenographiert hatte.

So entstand ein Typoskript, das durch Authentizität aufwog, was ihm an literarischer Brillanz fehlte. Um es in die Buchform zu übertragen, wurde mit ihm redaktionell nicht mehr unternommen als mit jedem Text, den man aus dem Gesprochenen in das Gedruckte übersetzt.

Was hier vorliegt, hat – von unwesentlichen Retuschen abgesehen – Karl Böhm erzählt; der Leser sitzt ihm gleichsam in der Grinzinger Wohnung gegenüber und bekommt Erinnerungen und Meinungen mit Karl Böhms Worten sehr unmittelbar vorgetragen. Über ihn wurde schon vieles geschrieben. Was aber von ihm zu sagen war, sollte von ihm sein; dieser Meinung des Verlags und des Herausgebers schloß er sich bereitwillig an.

Wir danken ihm für diese Bereitwilligkeit – andererseits danken Dr. Böhm und der Herausgeber dem Verlag für die Betreuung des Textes und die Illustrierung dieses Buches.

Sein Titel stand für mich schon sehr bald fest, als Karl Böhm in seinen Erzählungen mehrfach (völlig unwissentlich) die Redensart »Ich erinnere mich ganz genau« variiert hatte. Ich machte ihn auf dieses »Leitmotiv« nicht aufmerksam und freute mich nur still, wenn es wiederkehrte.

So hat dieser Text eine Art Form gefunden. Man könnte ihn, wie

›Till Eulenspiegels lustige Streiche‹, als Rondo bezeichnen: ein Rondo der Erinnerung und Erfahrung in der Zusammenfassung eines großen musikalischen Lebens und Wirkens.

Wien, im Februar 1968.                                        H. W.

Obwohl es für mich eigentlich, seit ich zu denken begann, feststand, daß ich Musiker werden würde, hat mein guter Vater, der mich später nach besten Kräften in meinem Musikstudium unterstützte, absolut gewollt, daß ich vorher meinen Doctor juris mache; und zwar deshalb, weil er als Rechtsanwalt und Syndikus des Grazer Stadttheaters sehr viel mit Sängern und anderen Künstlern in Berührung gekommen war und das Elend der künstlerischen Mittelmäßigkeit kennengelernt hatte:

Diese Menschen *verdienen* nicht nur weniger Geld als die »Erfolgreichen«, sie sind auch ihr ganzes Leben hindurch todunglücklich, da sie die Schuld an ihrem Versagen nicht ihrer eigenen mangelnden Begabung, sondern den Quertreibereien ihrer Kollegen oder dem fehlenden Glück – das es in der Kunst nicht gibt – zuschreiben.

»Wenn ich das Gefühl habe«, sagte mein Vater, »daß du wirklich etwas Großes erreichen wirst, kannst du mit meiner vollen Unterstützung rechnen. Aber als Rückhalt muß dir das Jusstudium dienen, damit du, wenn es schiefgeht, in meine Kanzlei eintreten kannst.«

Ich habe kürzlich wieder zu Allerheiligen das Grab meiner Eltern in Graz besucht. Es liegt dort im Steinfelder Friedhof; nur ein paar Schritte davon entfernt ist die letzte Ruhestatt des großen Dirigenten Karl Muck, eines meiner Gönner, der mit der Tochter des Grazer Bürgermeisters Dr. Ferdinand Portugall verheiratet war. Dr. Portugall hatte sehr viel für die Kunst der Stadt getan und war Ehrenbürger von Graz. Und trotzdem – obgleich er Bürgermeister und Ehrenbürger war – hat man sich um das Grab nicht gekümmert. Darüber habe ich mich immer geärgert und später bei einem mir befreundeten Vizebürgermeister durchgesetzt, daß es unter die Fittiche der Grazer Stadtverwaltung kam. Bei meinem letzten Besuch konnte ich jetzt wieder feststellen, daß die letzte Ruhestätte zweier großer Männer würdig betreut wird.

Auf dem Rückweg vom Grab meiner Eltern und meines jüngsten Bruders Walter – er war einer der angesehensten Ärzte von Graz und der Musik innig verbunden – hatte ich eine merkwürdige Eingebung: Ich mußte mein Geburts- und Elternhaus in der Schulgasse 17 wiedersehen, ein Häuschen in der Nähe der Grazer Innenstadt, nicht sehr vornehm, in imitiertem Nürnberger Stil. Ich kam hin und fand die Umgebung nahezu unverändert. Daneben steht noch immer das Gasthaus »Zu den drei Hacken«, an das sich damals, als mein Vater das Haus kaufte, ein Bäckerladen anschloß. Dieser Bäckerladen gehörte dem Vater meines Vaters, der von Eger eingewandert war.

Ich stamme also väterlicherseits von Deutschböhmen ab, mütterlicherseits von französischen Elsässern; der Großvater meiner Mutter hat nur französisch gesprochen und war Bildschnitzer, ein Künstler, der vor allem religiöse Themen wie Madonnen bevorzugte.

Ich trat in das Haus ein. Innen befindet sich ein verhältnismäßig recht großer Garten, mit dem mich viele Kindheitserinnerungen verbinden. Als ich nun hinaufging, sah ich, daß alles, was in diesem Haus einst schön gewesen, dem Verfall preisgegeben war. Da kam ein jüngerer Mann die Treppe herunter – mein Bruder hatte das Haus schon vor zehn Jahren verkauft – und erzählte mir, nachdem ich mich ihm vorgestellt hatte, daß er die Absicht gehabt hätte, aus diesem Haus eine Art Edelpension zu machen. Es besaß immer noch die schönen Stuckplafonds, die die vier Jahreszeiten darstellten. Die Erben des derzeitigen Besitzers aber fanden, der Platz sei zu kostbar, der Grund zu teuer – so würde das Haus in Kürze abgerissen werden. Dies war also tatsächlich mein letzter Besuch in meinem Geburtshaus, denn seinerzeit hatte man die Kinder wirklich zu Hause geboren; meine Mutter hatte uns drei Buben im elterlichen Schlafzimmer zur Welt gebracht. –

Das erste, was ich beim Hinaufgehen sah, war ein Gang, über den meine Mutter in einem rührend geführten, leider verlorengegangenen Tagebuch geschrieben hatte. In dem Buch stand ausführlich zu lesen, wie ich mich vom ersten Augenaufschlag bis zum zweiten Lebensjahr täglich entwickelt hatte.

Mein erstes Wort war nicht Mama oder Papa wie üblich, sondern ich habe »Min« gesagt, und »Min« war der Ausdruck für Musik. Ich meinte damit nicht nur die in der Nähe liegende Kirche, aus der gelegentlich Orgelklänge zu hören waren, sondern vor allem die einige Schritte davon entfernte Dominikanerkaserne – eine Kaserne wie jede andere, doch zog dort jeden Tag zu bestimmter Stunde die Musikkapelle dieses Regiments vorbei. Ich hob den Finger und schrie »Min«, ohne etwas Weiteres zu sagen, bis meine Mutter endlich begriff, was ich wollte. Sie nahm mich auf, ging mit mir ans Fenster, damit ich die Musik besser hörte, und ich sagte nochmals »Min«. Musik war also mein erstes Lebenselement.

Eine Engländerin, die meine Mutter im Englischen unterrichtete, stellte mir ein Horoskop; es soll jeder glauben, was er will – sie hat immerhin meine Karriere vorausgesagt. –

Mein Weg durch das Elternhaus führte mich weiter zum Balkon, der anfangs vollkommen offen war und den mein Vater später überdecken und neu herrichten ließ. Wieder wurden Erinnerungen wach: Ich hatte sehr stark an meiner Mutter gehangen. Sie konnte nie weggehen, ohne daß ich schrecklich weinte, und mußte sich im Klosett anziehen, damit ich nicht merkte, daß sie fortging. Schließlich kam sie auf die Idee, den erstbesten Werkelmann zu engagieren – die gab es damals noch in großer Anzahl in Graz. Sie drückte ihm eine Krone in die Hand, das war ein geradezu fürstliches Honorar, und sagte zu ihm: »Gehen Sie in die Schulgasse 17, dort ist ein kleiner Bub, der sitzt auf einem Schemel und wartet, bis ich zurückkomme.« Das stimmte, und der Werkelmann spielte auf seinem Leierkasten, bis meine Mutter wieder nach Hause kam. Ich hatte zu weinen aufgehört.

Auch die Erinnerung an ein schreckliches Ereignis ist bei meinem Gang durch das Haus wieder wach geworden: Mein Vater, der ziemlich beleibt war, hatte sich ein Heim-Dampfbad angeschafft. Gespeist wurde es durch einen Petroleum- oder Ölofen, und man begab sich in einen Kasten, um zu schwitzen. Einmal, wir waren schon zu Bett gegangen, begann die Anlage zu brennen. Wir sprangen auf und rissen mit der Mutter das Ganze auseinander. Meinem Vater ist weiter nichts geschehen; aber auf dem Boden konnte man die Brandflecken noch lange sehen. – Im selben Zimmer habe ich dann für die Matura gebüffelt. Ich lernte mit einem Freund Mathematik – ein Gebiet, auf dem ich einfach vollkommen unbegabt war. Durch einen Zufall hatte ich erfahren, was für eine Aufgabe ich bekommen würde. Mein Freund war ein glänzender Mathematiker – ich hatte in Deutsch Oberwasser –, und er erklärte mir die Aufgabe; ich verstand sie trotzdem nicht. Was tat ich also? Ich lernte sie wie ein Papagei auswendig. Als ich sie zur Matura wirklich bekam, begann ich die Formeln hinzuschreiben, daß mein Lehrer nur so staunte, aber als ich bei der Conclusio angelangt war, wußte ich nicht weiter. Der Direktor sagte zum Glück: »Der Junge ist zu aufgeregt« – denn alles war ja bis jetzt völlig richtig –, und so kam ich durch.

Noch eine ganz deutliche Kindheitserinnerung blieb mir: Wir hatten in der Familie zwei berühmte Großonkel; der eine war der letzte österreichisch-ungarische Kriegsminister und paßte, obwohl er als Mensch und Militarist völlig integer war, überhaupt nicht zu mir, denn ich hasse den Krieg. Der zweite berühmte Verwandte, Carl Link, war ein Onkel meines Vaters und der Nachfolger eines Tenors namens Wachtel, der zu seiner Zeit gefeiert wurde wie später Caruso. Ich habe jetzt sein Bild gefunden: Er war der erste deutschsprachige Don José an der Berliner Hofoper, studierte Medizin und hatte eine derartige Freude an seiner Stimme, daß er, wie er meinem Vater oft erzählte, schon morgens im Nachthemd vor dem Spiegel ein hohes C frei anschlug, später kaum Gesangsunterricht erhielt und daher auch zeitlebens reiner Naturalist blieb, was der Dauer seiner Karriere natürlich nicht zum Vorteil gereichte. Er war ein großartiger Arnold im ›Wilhelm Tell‹ von Rossini. Lange Zeit war er, nach Berlin, in Stuttgart engagiert, war aber ein so unverbesserlicher Streithansl, daß er sich ein Jahr vor seiner Pensionierung mit dem damaligen Intendanten zerstritt, keine Pension bekam und als alter Mann in armseligen Verhältnissen kärglich vom Stundengeben leben mußte.

Mein Vater hatte eine wunderschöne Baritonstimme – so zwischen Bariton und Tenor. Ich habe ihn schon mit acht Jahren auf dem Klavier begleitet. Er mußte die Tenorpartien, die er mit Vorliebe sang, immer transponieren, aber einmal ist es ihm sogar gelungen, die Stretta aus dem ›Troubadour‹ in H-Dur zu singen, mit dem Schürhaken als Schwert. Er nahm Gesangsstunden bei meinem Onkel, der immer noch ein überschäumendes Temperament, aber wenig Gesangskultur besaß. Der Onkel hatte damals schon eine brüchige Stimme, sang mir aber dennoch einige seiner alten Opernarien vor. Die Gesangsstunden fanden immer nach dem Abendessen statt. Ich durfte in das Bett meiner Mama – das Schlafzimmer meiner Eltern lag neben dem Musiksalon – und von dort zuhören; das waren die schönsten Stunden, und wenn mich dabei der Schlaf überfiel, wurde ich schlafend in mein Bett transportiert.

Schon früh bekam ich Klavierunterricht, bei einem Lehrer, dessen Namen ich nicht nennen will, weil er es an sich gut gemeint hat, der aber alles tat, um einem jungen Menschen die Freude an der Musik zu nehmen. Daß er sie mir nicht nehmen konnte, beweist nur meine unverbrüchliche Liebe zur Musik. Er sagte immer: »Du übst zuwenig!«, und dann zeigte er mir zwei eitrige Nägel an seinen Fingern mit den Worten: »So lange mußt du üben, bis du auch eitrige Nägel bekommst.«

Dann kam ich zu einer braven Klavierlehrerin, die mein Talent erkannte und mit mir am Schluß der Stunde vierhändig aus Weber-Opern, später aus dem ›Lohengrin‹ und dem ›Holländer‹ spielte. Die große Anregung aber kam von meinem Lehrer Franz Weiß. Mein lieber, unvergessener Franz Weiß war Schullehrer und Chormeister des Grazer Männergesangvereins. Er war musikalisch außergewöhnlich gebildet und konnte gut mit jungen Musikern umgehen. Er war mit einer der reichsten Erbinnen von Graz verheiratet; beinahe der halbe Rosenberg in Graz gehörte seiner Frau. So hatte er es gar nicht nötig, Unterricht zu geben, und nahm nur Schüler, bei denen ihm der Unterricht Freude bereitete. Diesem Mann verdanke ich die fruchtbarsten Anregungen meiner Gymnasiastenzeit. Er half auch aus reiner Kunstbegeisterung als zweiter Harfenist im Grazer Stadttheater aus und lud mich ein, den Proben beizuwohnen. Man stelle sich vor: ein Schulmeister, der einem Schulbuben rät: »Komm lieber in die Probe, da lernst du mehr als in der Schule!« Ich ließ mir das nicht zweimal sagen, gab meinen Schulranzen bei einem Gemischtwarenhändler, dem Vater eines Mitschülers, ab und ging in die Proben des ›Rosenkavalier‹, der damals, kurz nach seiner Dresdener Uraufführung, erstmals in Graz gespielt wurde. Meine Eltern waren dann recht erstaunt, als im Halbjahreszeugnis fünfundachtzig unentschuldigte Lehrstunden standen.

Nach der Matura im Jahre 1913 durfte ich dank der Güte meines Vaters für ein Jahr nach Wien gehen. Und hier muß ich etwas einflechten: Mein Vater kannte alle Grazer Künstler gut, auch die Dirigenten des Grazer Theaters. Eines Tages wurde der Dirigent von Marschners ›Hans Heiling‹ krank, und der Direktor sagte zu meinem Vater: »Mein erster Dirigent hat hohes Fieber, und das Haus ist ausverkauft. Was soll ich tun?« Am Theater war ein junger Dirigent engagiert, der nur Possen und Operetten dirigierte: Franz Schalk. Da meinte mein Vater: »Schalk ist ein hochbegabter Musiker, er soll dirigieren«, und er rief den jungen Mann an. Dieser studierte die ganze Nacht hindurch die Partitur und übernahm die Vorstellung. Das war der Beginn seiner großen Karriere – er wurde Erster Kapellmeister in Graz, später kam er in gleicher Eigenschaft nach Wien, wo er dann als Krönung seiner Laufbahn Direktor der Wiener Staatsoper, zuerst noch zusammen mit Richard Strauss, wurde.

Schalk hat es meinem Vater nie vergessen, daß er von ihm sozusagen den Anstoß zu seiner Karriere bekommen hatte. Er revanchierte sich nun, als ich Musikstudent wurde, und riet mir, nicht an die Akademie zu gehen, sondern Privatstunden bei Eusebius Mandyczewski, dem langjährigen Archivar der Gesellschaft der Musikfreunde in Wien, zu nehmen. Ich sprach bei diesem vor, gefiel ihm, und er nahm mich als Privatschüler an. In einem Jahr lernte ich bei ihm das, wofür ich an der Akademie drei Jahre benötigt hätte; die Zeiten mit Mandyczewski waren die fruchtbarsten meiner ganzen Studienzeit. Ich habe bei ihm nie nur *eine* Stunde gehabt, es wurden immer eineinhalb. Den ganzen Kontrapunkt, die Harmonielehre habe ich bei ihm studiert, in jede Unterrichtsstunde mußte ich eine Komposition mitbringen, und mit der Zeit wurde auch das Lesen einer Partitur für mich ganz selbstverständlich.

Außerdem hatte ich noch fünf bis sechs Stunden Klavier bei Groer. Damals wollte ich noch unbedingt Pianist werden. Ich hatte schon im Grazer Stephanie-Saal Sänger begleitet, dazwischen Schubert-Impromptus und Chopin gespielt – und mich über die guten Kritiken gefreut.

Mein Lehrer Mandyczewski gab mir vielfältige Anregungen; nur mit der Moderne konnte der gute Eusebius nichts anfangen. Nach der ›Elektra‹-Aufführung – er war so gutmütig mit seinem Käppchen und seinem Bart – sagte er zu mir: »Sagen Sie, kann man mit dieser Musik etwas anfangen? Ich komm' da nicht mehr mit! Ist das nicht so – es fängt damit an, daß einem einer ununterbrochen auf den Schädel haut, dann kommt eine kurze Ruhepause (Orest-Szene), und dann kommt der nächste und haut einem wieder auf den Schädel.« – Er war der intimste Freund von Brahms gewesen, und die Werke von Brahms waren vor der Drucklegung durch seine Hände gegangen.

Zugleich mit meinem Musikstudium hatte ich Jus inskribiert. Heute bin ich Ehrensenator der Grazer Universität, aber ich muß gestehen, die Grazer Hörsäle vor meinen Prüfungen niemals betreten zu haben – das heißt, ich habe schon Vorlesungen besucht, aber keine juristischen.

Ich erinnere mich, daß ich in Wien bei Guido Adler Musikgeschichte belegt hatte. Seine Vorlesungen, die mich sehr fesselten, waren die einzigen, die ich regelmäßig besuchte. Die Grazer Juristen mögen mir verzeihen!

Durch die Güte meines Vaters hatte ich einen Stammplatz in der Wiener Oper. Auch in das Burgtheater ging ich sehr oft. Ich habe mich nach den Besetzungen gerichtet – wenn die in der Oper nicht erstklassig waren, habe ich mir lieber die Aufführungen im Burgtheater angesehen. Da spielten Harry Walden und Josef Kainz; letzteren habe ich noch zweimal als Hamlet und einmal als Marc Anton erlebt.

Caruso gastierte 1910 in Wien – in Graz nie, denn er erhielt ja damals eine Gage von 15 000 Kronen, das sind heute, der Kaufkraft entsprechend, etwa 60 000 Dollar. Ich habe mich damals – ich war ein ganz junger Mensch – empört: »Das ist unverschämt, daß jemand eine solche Gage bekommt«, aber als ich ihn dann gehört hatte, sagte ich: »Das ist viel zu wenig, der Mann ist unbezahlbar!« Er sang den Radames – und die Wiener waren etwas enttäuscht, weil sie doch an Slezak gewöhnt waren, dessen Stimme viel dramatischer war. Slezak saß an diesem Abend in der Vorstellung, und am nächsten sang er den Des Grieux in ›Manon‹ von Massenet, während Caruso und Carl Burrian zuhörten. In der folgenden Vorstellung sang Burrian den Tristan, dann wieder Caruso in der ›Bohème‹, und als Rudolf hatte er seinen größten Erfolg.

Ich hörte ihn im Laufe von zwei oder drei Spielzeiten zweimal als Don José, als Herzog in ›Rigoletto‹ – er war unüberbietbar in seiner Gesangskultur –, dann in ›Maskenball‹, ›Bajazzo‹, dem ›Mädchen aus dem goldenen Westen‹ und in ›Tosca‹. Er war ein ebenso großer Darsteller wie Sänger, das bestätigten auch alle Burgschauspieler. Ich erinnere mich ganz genau an jede Geste Carusos, jeden Übergangston könnte ich beschreiben. Seine Stimme war so weich wie Samt, ohne Ecken, und überwand spielend den Stimmbruch. Beim schwierigen Duett mit Micaela in ›Carmen‹ hatte man das Gefühl, daß er sich überhaupt nicht anstrengte. Er sang nie an der Rampe und nie eine Sekunde länger, als der Komponist es vorschrieb. Caruso war zwar ein Nationalidol Italiens, aber nie so beliebt in Italien wie in Österreich, Deutschland und Frankreich, vor allem aber an der Met in New York.

Besonders lebhaft in Erinnerung ist mir die ›Carmen‹. Der dritte Aktschluß, an sich der schwächste der ganzen Oper, war für Caruso ein ungeheurer Erfolg. Wenn er mit einem Schrei gleich einem wilden Tiere die Carmen zu Boden riß, hatte das eine Ausdruckskraft, die bis dahin ohne Beispiel war. Allerdings hatte er eine kongeniale Partnerin: Marie Gutheil-Schoder, für mich die beste Carmen der Welt, obwohl sie eigentlich sehr wenig Stimme besaß. Als wäre es heute, sehe ich sie noch auf der Bühne – sie hatte eine wundervolle Figur, ganz schlank, kein eigentlich schönes Gesicht, aber es wurde schön durch ihre Schauspielkunst. Wenn diese Frau – ich kann mich ganz genau erinnern, was sie anhatte: weiße Bluse, gelben Rock, weiße Strümpfe und rote Schuhe – wenn sie bei der Habanera ganz langsam begann, mit den Schuhspitzen zu wippen – das war wirklich aufregend und voll erotischer Ausstrahlung. In der Erinnerung drängt sich mir unwillkürlich der Vergleich mit Marlene Dietrich auf.

Ungewöhnlich gestaltete Caruso – eine Parallele zu dem berühmten Wagner-Sänger und Gestalter Albert Niemann, der sich nach dem Pilgerchor in seiner ganzen Länge auf den Boden warf und die Erde küßte – auch den Schluß der ›Carmen‹. Er erstach die Carmen nicht, sondern zog an der Stelle, wo sie dem José den Ring hinwirft, ein Klappmesser und sagte eiskalt: »Nun denn, so stirb«, während er sie immer nur verfolgte. Bevor sie zur Arena rennt, ließ er die Klinge aufspringen, hielt das Messer vor seinen Leib, und sie stürzte hinein.

Ich ging natürlich auch zu allen Philharmonischen Konzerten. Der Dirigent Weingartner hat großen Eindruck auf mich gemacht. Schon vorher hatte ich von Graz aus, während ich noch zur Schule ging, durch einen Schulfreund meines Vaters, der mit den Philharmonikern sehr verbunden war, Konzerte in Wien besucht. Gustav Mahler hörte ich leider nie. –

Eines Tages – ich kam gerade von einer Kunstflieger-Schau nach Wien zurück – schrien die Leute auf der Straße etwas, das ich noch nie zuvor gehört hatte: »Extraausgabe! Thronfolger und Gemahlin in Sarajewo ermordet!« lauteten die Schlagzeilen. Damit war mein Wiener Aufenthalt plötzlich zu Ende; ich mußte nach Graz zurück.

Am 1. Juli fuhr ich nach Hause. Die Situation war äußerst prekär; man sprach schon von einem eventuellen Krieg. Eines Abends saßen wir in Windisch-Feistritz bei Freunden in deren Weingarten, der auf einem Hügel lag. Auf einmal sahen wir das Licht einer Laterne, das langsam, unheimlich in seiner schwankenden Bewegung, näher kam. Ich erinnere mich ganz genau an diese Ankunft des Boten, der dem Freunde meines Vaters mitteilte: »Eben ist der Krieg ausgebrochen!« Österreich hatte Serbien den Krieg erklärt und die Mobilisierung ausgerufen. Meine Maturakollegen hat es viel mehr erwischt als mich, denn die hatten als Fleißaufgabe ihr Einjährig-Freiwilligen-Jahr bereits gemacht, mußten sofort einrücken und kamen gleich ins Feld.

Mein Vater war ebenso wie ich ein großer Kriegsgegner und Antimilitarist, während meine Mutter viel Begeisterung für Kaiser Wilhelm aufbrachte, obwohl sie sonst eine ganz unkriegerische Frau war. Ich mußte zur Musterung gehen. Mein Vater hatte mir geraten, alles zu unternehmen, um nicht eingezogen zu werden. Doch ich war ein kerngesunder junger Mensch, und es war schwer für mich, nicht »behalten« zu werden. So wurde ich für voll tauglich erklärt. Ich hatte den Wunsch – denn ich war seit meiner frühesten Jugend ein leidenschaftlicher Reiter (zuerst auf einem Esel, dann hatten wir ein Pony in einer Villa bei Graz, später auch ein Pferd) –, zu einer berittenen Truppe eingeteilt zu werden. Damals mußte der Streiter dem Vater Staat ein Pferd bringen, dann durfte er zur Kavallerie einrücken. Die Kommission fragte: »Wohin wollen Sie?« – »Zur Artillerie«, sagte ich. »Alles besetzt.« – »Zur Kavallerie«, sagte ich. »Alles besetzt.« Ich versicherte, daß ich ein Pferd stellen würde. »Dann können Sie nur zum Train gehen«, antwortete man mir. Ich ging zuerst zum Vater in die Kanzlei. Mein Vater: »Behalten?« – »Ja, tauglich.« – »O je! Bei welcher Truppe?« – »Traindivision.« – »Sehr gut. Die sorgen für den Nachschub, da wirst du immer was zu essen haben.«

Wir fuhren in unsere Villa bei Baierdorf in der Nähe von Graz, zu der auch ein großer Obstgarten und Wald gehörten. Meine Mutter war gerade dabei, das Spalierobst abzunehmen. Sie fragte: »Bist du tauglich?« – »Ja.« – »Fein! Wo?« – »Traindivision.« – »Was? Das sind ja die Peitscherlhusaren!«* – Mein Vater darauf: »Schau, mir gefällt das Blau am Waffenrock besser als das Rot der Artillerie.«

Kurz und gut, ich mußte sofort einrücken. Ich war – 1894 geboren – nun zwanzig Jahre alt, das schönste Alter, um Kanonenfutter zu spielen. Ich kam zur Traindivision Graz, die von Juden bevorzugt war. Ich hatte nur jüdische Freunde dort – es war rührend, daß mich später, nach all den schauerlichen Ereignissen und Erlebnissen des »Dritten Reichs«, fünf solcher Soldatenkameraden in New York anriefen und fragten: »Karl, wie geht's dir denn?« ... Bei diesem Train ging es mir sehr gut, außer daß uns einige der Korporale »hunzten«, wie das viele soldatische Vorgesetzte als ihre »Pflicht« ansehen. Auch einen Oberleutnant hatten wir: Er war ziemlich dick, von Beruf ein kleiner Posthalter auf dem Land, und jetzt ein großer Mucki als Reserveleutnant.

Eines Tages war es furchtbar heiß. Wir machten idiotische Übungen und Touren, und ich bat, Wasser trinken zu dürfen. Daraufhin befahl mir besagter Leutnant: »Hüften fest, Knie tief beugen und Hinwippen zum Brunnen«, der etwa dreihundert Meter entfernt war. Ich wippte also hin. Als ich dort war, befahl er: »Kehrt, marsch!«, und ich mußte wieder zurückwippen, ohne getrunken zu haben. Da hätte ich ihn am liebsten umgebracht!

Ich war, wie schon gesagt, ein leidenschaftlicher Reiter und bin auch auf ungesatteltem Pferd geritten. Das Pferd, das ich zum Militär mitbrachte, hieß Nepomuk. Es war sehr hoch gebaut und hatte einen äußerst harten Gang; man mußte da beim nicht-englischen Trab schon einen sehr guten Knieschluß haben, um nicht aus dem Sattel geworfen zu werden. Der Oberleutnant hatte mich an der Longe und vergnügte sich damit, mir über die Waden zu schlagen. »Sie ha-

* Damals gebräuchlicher Ausdruck für Pseudo-Husaren.

ben einen schlechten Knieschluß«, sagte er. »Weil der Nepomuk einen sehr hohen Gang hat«, meinte ich. – »Steigen Sie herunter, ich werde es Ihnen zeigen.« Der Oberleutnant stieg aufs Pferd und stieß ihm die Sporen in die Weichen. Das vertrug mein guter Nepomuk nicht, er machte einen Satz, und der Oberleutnant fiel bäuchlings in eine Pfütze beim Kasernentor.

Bald wurde ich Korporal, dann Zugführer; als solcher mußte ich die Stallwache überprüfen. Beim Train hatten wir außer den Pferden für die Offiziere auch Zugpferde. Ich kam eines Nachts um zwölf Uhr in den Stall. Der Wachtposten war total betrunken, und ich mußte ihn vorschriftsmäßig anbrüllen: »Du betrunkener Kerl . . .«, wie das beim Militär so üblich ist. Davon wachte so ein Pinzgauer Pferd auf und schlug aus. Es traf mich, ich stürzte bewußtlos zusammen – und bin erst in meinem eigenen Bett in der Schulgasse 17 wieder aufgewacht. Der Arzt stellte einen schweren Bluterguß fest – die Stelle schmerzt mich übrigens heute noch – und eine nicht ungefährliche Blasenquetschung. Ich bin mit einem Eisbeutel dagelegen und dachte die ganze Zeit, während mir besser und besser wurde: »Es wäre schade, den Heldentod zu sterben; wie kann ich nach dem Aufstehen tachinieren, das heißt: wie drücke ich mich am besten vom Militär?«

Ich hatte einen Engel als Regimentsarzt – einen Privatarzt Dr. Mitterer, der im Laufe des Krieges hatte einrücken müssen. Ich werde ihn nie vergessen. Auf Grund meines Unfalls bekam ich einen C-Befund – heimattauglich. Ich war also nur im »Ernstfall« verwendbar und mußte in der Schreibstube kleine Dienste versehen. Dort machten wir meistens blöde Witze, vor allem mit einem Oberleutnant, einem Adeligen, dessen Adjutant ich war. Ich sagte zu einem Kameraden: »Ich schließe mit dir jede Wette, daß der sein eigenes Todesurteil unterschreibt« – eine Bemerkung, für die ich frecher Hund hätte hingerichtet werden können. Ich schrieb also: »Mit Erlaß vom . . .« – das kannte ich ja schon zur Genüge – »wird Herr Oberleutnant Soundso füsiliert.« Er hat es tatsächlich unterschrieben.

Während der Zeit meines Liegens hatte ich zu studieren begonnen. Dann bin ich zu einem Einpauker gegangen und habe die erste Staatsprüfung, die ja relativ leicht ist, in Graz gemacht. Auch drängte es mich zu komponieren, und es entstand ein Lied nach dem anderen.

Ein Rittmeister böhmischer Herkunft erwischte mich einmal beim Notenschreiben; der hat mich angeschrien: »Ein elender Notenschreiber bist du? Du wirst noch von mir hören!« Und ein paar Tage später sagte der Adjutant zu mir: »Du bekommst einen Marschbefehl, du mußt ins Feld.« Da schrieb ich einen beschwörenden Brief an meinen Großonkel, den Kriegsminister. Meine beiden Brüder waren als Leutnant und Oberleutnant im Feld und haben alle Doberdo-Schlachten mitgemacht. Sie waren eben Helden, im Unterschied zu mir. Ich bat meinen Großonkel, meinem Kommandanten nichts anderes mitzuteilen, als daß ich sein Großneffe sei. Das tat er auch, aber ich wußte nichts davon; ich erfuhr nur, daß der Rittmeister zu meinem Adjutanten gesagt hatte: »Der Einjährig-Freiwillige Böhm ist doch wirklich ein netter Bursch, er soll heute zu mir kommen.« Und zu mir meinte er: »Wie geht es dir?« Und ich antwortete: »Wir haben so viel zu tun.« Man kann sich vorstellen, was das für eine Frechheit war. Ich bin dann in eine Kaserne etwas außerhalb von Graz gekommen und mußte mit meiner Mannschaft ein paar Übungen machen, die meist in Sonnenbaden bestanden. Die Mannschaft hat mich sehr geliebt, denn sie mußte gewöhnlich nur zwei Stunden Dienst tun.

Eines Tages kam mein Großonkel nach Graz. Ich wußte, daß mein Rittmeister am Nachmittag immer im Café Kaiserhof saß, und spazierte also mit meinem Großonkel zu dem besagten Café, wo wir eingehängt durch den Eingang schritten. Der Rittmeister spritzte auf, ich nickte nur lässig grüßend – das war mein größter militärischer Triumph!

Die Kriegslage wurde immer schwieriger und schwieriger. Da bekam ich eine Bronchitis, und der Arzt, mit dem ich sehr befreundet war und dem ich immer Klavier vorgespielt hatte, stellte mir den Befund aus: Tbc-verdächtig. Es war natürlich ein völlig übertriebenes Attest. Man fragte mich sogar: »Beanspruchen Sie eine Abfindung?« Denn für Leiden, die man sich beim Militär geholt hatte, konnte man eine Abfindung bekommen. Ich habe natürlich darauf verzichtet und bin dann mit diesem Befund als völlig untauglich ohne Abfindung aus dem Heer ausgeschieden. Das war 1916.

Ich hatte einen Kollegen, Georg Markowitz, einen überdurchschnittlich begabten Kapellmeister, der mich eines Tages fragte: »Willst du nicht zu uns ans Theater kommen?« Das war mir sehr recht. Man probte gerade ›Zar und Zimmermann‹, und ich spielte am Klavier eine Chorprobe der Kantate aus dem dritten Akt. Es muß grauenhaft gewesen sein. Ich kannte zwar die Wagner- und Mozartopern recht gut, fand damals aber noch Lortzing – übrigens eine Parallele zu Strauss – ganz unter meiner Würde. Daß man mir trotzdem einen Vertrag als Korrepetitor gab, danke ich den »güt'gen musikalischen Göttern«!

Markowitz wurde zwei Tage nach meinem Eintritt in die Grazer Oper krank, und ich mußte den ganzen Bühnendienst der Oper ›Aïda‹ übernehmen; das war damals viel, viel schwieriger als heute, wo alles spezialisiert ist. Da ich niemals Dirigierunterricht erhalten hatte, schlug ich bei der ›banda municipale‹ im Triumph-Akt wacker die Zwei im Viervierteltakt nach rechts statt nach links, was bei der ›banda‹ eine regelrechte Revolution auslöste, die erst mein guter Direktor wieder in Frieden auflösen konnte.

Damals hatte Grevenberg – er war ein seelenguter Mensch, ein Idealist – gerade das Theater in Graz als Direktor übernommen und einen berühmten Dirigenten nach Graz gebracht: Oskar C. Posa. Der hat zwar ein bisserl ungeschickt dirigiert, aber zum Beispiel eine Einstudierung von ›Ariadne auf Naxos‹ gemacht, wie ich sie selten erlebt habe.

Ich erinnere mich auch ganz genau an eine ›Rheingold‹-Aufführung. Da unterstützt man am Anfang das tiefe Es der Kontrabässe mit einem Orgel-Pedalton. Das war mir zu fad: immer den Fuß auf dem Pedal. Ich frecher Lausbub habe auf das Pedal einen Ziegelstein gelegt, dazwischen mit einem Ballettmädchen geflirtet, und das tiefe Es hat die ganze Zeit geklungen. Es klang aber, da ich anderweitig »abgelenkt« war, noch weiter, als schon die Rheintöchter zu singen begannen. – Als ich dies hörte, kletterte ich wahrlich in einem Rekordtempo auf die Orgel und befreite, um einiges zu spät, das Es vom Ziegelstein. Ich habe mich dann schnell aus dem Staub gemacht, sonst hätte ich mit Recht eine tüchtige Abreibung von Posa bekommen.

Ich habe alles mögliche korrepetiert, also wirklich von der Pike auf angefangen. Markowitz hatte ein paar Couplets in der ›Trutzigen‹ von Anzengruber zu begleiten. »Das wäre doch was für dich«, meinte er, und ich übernahm die Begleitung – mit einem lächerlich kleinen Orchester. Da kann ich mich an eine Begebenheit erinnern, als ob es heute gewesen wäre: Eine Schauspielerin kam zu mir und sagte: »Ich bin heute heiser, Herr Kapellmeister, ich muß um eine Terz tiefer singen.« Ich antwortete ihr, daß ich nicht wüßte, ob meine »geniale« Mannschaft dies so prima vista machen könnte, ging aber ans Pult und bat kurz vor dem Aufgehen des Vorhangs, das Couplet eine Terz tiefer zu spielen. – Einige riefen, sie könnten nur um einen Ton transponieren; es war aber zu einer Einigung schon zu spät, und wir begannen teils in H-Dur, teils in A-Dur! Wie wir uns »fanden«, weiß ich heute nicht mehr.

Mein erster Auftritt als Dirigent hatte jedoch schon fünf Wochen vor dem eben geschilderten Ereignis stattgefunden. Wir hatten ›Er und seine Schwester‹ von Bernhard Buchbinder gespielt, und in dem Stück kommt ein Näherinnenchor vor. Darüber habe ich in mein Tagebuch, das leider verlorengegangen ist, geschrieben: »Chor total geschmissen. Schuld daran: der Dirigent!«

Plötzlich bekam ich, weil mich der Direktor gern hatte, als Entschädigung für die Riesenarbeit als Korrepetitor meine erste Oper zugeteilt. Sie wurde am 17. Oktober 1917 aufgeführt, und wenn ich die vorhergehenden Kleinigkeiten ausklammere, habe ich am 17. Oktober 1967 mein fünfzigjähriges Dirigentenjubiläum gefeiert. An diesem 17. Oktober 1917 dirigierte ich meine erste Oper, den ›Trompeter von Säckingen‹, über die der Kritiker Decsey schrieb: »Diese Oper wird jeder Generalmusikdirektor nach Möglichkeit aus seinem Vertrag ausklammern.« Die Oper würde ungestrichen fünf Stunden dauern. Ich habe sie auf zweieinhalb Stunden zusammengestrichen, sonst wäre sie unerträglich gewesen. Die Partitur war so dick, daß man die zu überspringenden Stellen zusammenheften mußte, sonst hätte man die falsche Seite erwischt. Die Marie sang damals Anni Münchow, die ursprünglich Operettensängerin gewesen war. Zu der Zeit sang sie auch ›Die lustige Witwe‹ en suite, hatte ein hohes C und ein hohes Cis und kam über die Marie im ›Trompeter von Säckingen‹ später sogar zur ›Elektra‹. Adolf Permann, ein hervorragender Bariton, sang den Trompeter. Es wurde ein Riesenerfolg. Heute könnte man diese Liedertafel-Oper nicht mehr anhören.

Ich hing sehr an dem Grazer Opernhaus, wo ich so viele bleibende Eindrücke empfing. Die erste Oper meines Lebens hörte ich aber im Theater am Franzensplatz, dem anderen großen Grazer Theater, an der Seite meiner Mutter. Es war ›Fidelio‹ – übrigens auch die erste Partitur, die ich von meinen Eltern geschenkt bekam.

Nach dem ›Trompeter von Säckingen‹ habe ich dann eine Oper zugeteilt bekommen, die mir heute noch viel bedeutet: den ›Freischütz‹.

Neben dem Korrepetieren und dreimal in der Woche Abenddienst habe ich – bevor ich meine zweite Oper dirigierte – mit Hilfe eines Paukers die zweite juristische Staatsprüfung gemacht. Die Füße hochgelagert wie ein Amerikaner, zahlreiche Taschentücher zerreißend und zerbeißend – so habe ich nachts Jus studiert: Bürgerliches Gesetzbuch, Strafrecht, Strafprozeß, Zivilrecht und Zivilprozeß, Konkurs- und Wechselrecht – bis zwei und halb drei Uhr früh. Trotzdem stand ich zeitig auf und war schon um zehn Uhr im Theater. In die Zeit, als ich schon fleißig am Operndirigieren war, fielen das zweite Rigorosum und dann die dritte Staatsprüfung.

Inzwischen hatte ich jedoch schon gefühlt, daß ich es im künstlerischen Leben zu etwas bringen könnte, und fragte mich, wozu ich eigentlich noch studieren sollte. Ich mußte mit mir selbst, mit vielen inneren Widerständen kämpfen, um nicht auf Dreiviertel des erreichten Weges auszusteigen.

Beim dritten Rigorosum hatte man mir vorerst Fragen über die Genfer Konvention gestellt. Professor Lenz, ein reizender und liebenswerter Mensch, der mich schon vom Theater her kannte – er kam später auch zu meinen Wiener Opernaufführungen und zu meinen Konzerten –, hat dann aber nur mehr über das Theater mit mir gesprochen. Abschließend stellte er mir, auf die Genfer Konvention zurückkommend, die Frage: »Wie war denn die Behandlung der Kriegsgefangenen?« – »Schlecht«, antwortete ich, nach der Erfahrung des eben beendeten Weltkrieges. – »Also gut«, sagte er. Ich bekam mein »Genügend« und war durchgekommen. Wenn ich ihn später in Graz auf dem Schloßberg oder sonstwo traf, sagte er immer: »Wie war denn die Behandlung der Kriegsgefangenen?«, und ich antwortete stets: »Schlecht.« – »Gut, gut«, sagte er.

Ich promovierte am 4. April 1919 an der Karl-Franzens-Universität in Graz. Bei meiner Promotion, bei der fast das gesamte Opernpersonal anwesend war, hat der Rektor eine sehr launige Rede gehalten, in der er unter anderem sagte, es sei der ungewöhnliche Fall eingetreten, daß ein Musiker zum Doctor juris promoviert würde. Ich kann mich noch ganz genau erinnern, daß ich kurze Zeit später im Grazer Stadttheater den ›Fliegenden Holländer‹ dirigierte. Zum Glück wurde ich als Doctor juris niemals auf die Menschheit losgelassen, und in meiner künstlerischen Laufbahn ging es bald mit stürmischen Schritten voran.

Es kam das Beethovenjahr 1920, der 150. Geburtstag Beethovens. Ich hatte damals schon so große dirigentische Erfolge, daß mir der Direktor, obwohl es auch einen Opernchef in Graz gab, eines der großen Beethoven-Werke versprach. Die Oper ›Fidelio‹ und die ›Neunte Symphonie‹ wurden im Grazer Opernhaus aufgeführt – aber der Opernchef hatte die Vorwahl. Er entschied sich für die ›Neunte‹, und ich bekam den ›Fidelio‹. Also mein erster ›Fidelio‹ zum 150. Geburtstag Beethovens.

Bei der Aufführung der ›Neunten Symphonie‹ benahm sich der Opernchef recht unglücklich – was ihn dazu bewog, weiß ich nicht. Ich erinnere mich, daß er sich den Taktstock – wie Salome das Haupt des Jochanaan – auf einem silbernen Tablett servieren ließ. Dann geschah ein Malheur während des Scherzos, und sie mußten noch einmal von vorn anfangen. Das Unternehmen stand also unter keinem guten Stern und wurde in der Presse dementsprechend behandelt.

Drei Tage später dirigierte ich den ›Fidelio‹ und hatte das Glück, mit diesem Werk einen großen Erfolg zu haben. Ernst Decsey schrieb eine Kritik, die mit den Worten begann: »*Das* war die Beethovenfeier«, und mit den Worten endete: »Das war *die* Beethovenfeier.«

Nach diesem ersten Sieg hatte ich in Graz freie Bahn. Der Direktor behandelte mich, als wäre *ich* der Opernchef, und trug mir diesen Posten auch für die nächste Saison an. Ich konnte aber schon in der Saison 1920/1921 alles dirigieren, was ich wollte. Ich wählte ›Tristan und Isolde‹, ›Walküre‹ und im Konzertsaal die damals neue ›Alpensymphonie‹ von Richard Strauss. Ich spielte sie zusammen mit der ›Fünften‹ von Beethoven, und rückblickend muß ich sagen: das war eine grauenhafte Zusammenstellung! Die beiden Musikstücke haben doch wirklich nichts miteinander zu tun. Meine einzige Entschuldigung ist, daß ich beide Werke – natürlich zum erstenmal – dirigieren wollte.

Das Konzert fand trotzdem solchen Anklang, daß es zweimal wiederholt werden mußte. Die zweite Wiederholung war zugleich mein Abschied von Graz. Die Konzerte fanden im Stephaniesaal statt, und ich erinnere mich, daß meine Verehrer das ganze Dirigentenpult mit Alpenblumen geschmückt hatten.

## 2. Kapitel

München · »Wo sind die Klarinetten?« · Freundschaft mit Bruno Walter ·
Von Wagner zu Mozart · Frau Thea · ›Ariadne‹ ohne Probe · Der bespuckte
Direktor · Schüsse bei der Feldherrnhalle.

In Graz dirigierte ich auch eine Neueinstudierung des ›Othello‹. Bei
der Generalprobe, vor Beginn des dritten Aktes, erhielt ich ein Tele-
gramm, in dem Bruno Walter mich einlud, in der Münchener Oper
für eine dritte oder vierte Kapellmeister-Stelle auf Engagement zu
dirigieren. Es waren zwei Probeopern vorgesehen: ›Freischütz‹ und
›Butterfly‹. Mit dem Gedanken an München setzte ich die Probe
fort, ging dann nach Hause, erzählte aber den Eltern nichts und
überlegte eine Nacht lang, was ich tun sollte. Ich muß sagen, die
Entscheidung zu treffen war wirklich nicht leicht. Ich hatte doch den
Opernchef-Posten für das nächste Jahr in Graz fest in Händen, und
das war für einen jungen Mann in meinem Alter etwas ganz
Unglaubliches. Sollte ich da das Probedirigieren am Münchener
Nationaltheater riskieren? Ich entschied mich tatsächlich dafür, das
sichere Engagement aufs Spiel zu setzen – denn ein Mißerfolg in
München hätte doch meine Stellung in Graz gefährdet – und nach
München zu fahren, um diese zwei Opern zu dirigieren. Die Zug-
verbindungen waren damals noch sehr schlecht. Ich fuhr mit meinem Bruder Walter, dem späteren Arzt. Wir mußten in Bischofsho-
fen übernachten, dreimal umsteigen – zudem hatte ich eine schwere
Furunkulose und dadurch große Schmerzen. Völlig übermüdet kam
ich in München an.

Bruno Walter sah ich überhaupt nicht. Ich sprach mit dem
Betriebsleiter des Theaters und bekam für die Probe des ›Freischütz‹
eine Stunde Zeit. In dieser einen Stunde – ich probte vor allem das
Finale des letzten Aktes – lernte ich das Orchester kennen. Ich kann
mich noch genau erinnern: An der Stelle, wo der Eremit auftritt und
Ottokar die Worte singt: »Sprich du sein Urteil«, haben die zwei
Klarinetten zusammen mit den zwei Oboen zu blasen; die Klarinetten schweigen aber. Ich sagte in aller Bescheidenheit zum ersten Kla-
rinettisten, einem dicken Münchner namens Wagner: »Wo sind
denn die Klarinetten?« Darauf meinte er sehr böse: »Wir haben da
nichts zu blasen.« Ich sagte: »In meiner Partitur stehen zwei Klarinetten.« Er antwortete: »In meiner Stimme nicht.« Hier muß ich
einfügen, daß aus diesem Notenmaterial seit der Erstaufführung des
›Freischütz‹ in München gespielt wurde; diese Stimmen waren also

so alt, daß man noch die Flecken von den Öllampen sehen konnte, die einst die Pulte erhellten. Ich rief nach dem Theaterdiener und verlangte, daß er mir die Theaterpartitur bringen möge, in der die zwei Klarinetten ebenfalls standen. Ich zeigte sie dem Herrn Wagner, und plötzlich klopfte mir jemand auf die Schulter. »Brav, brav!« hörte ich. Damit hatte ich das Orchester gewonnen, denn der Bravo-Rufer war kein anderer als Bruno Walter.

Den Max im ›Freischütz‹ sang Karl Erb, die Agathe Delia Reinhardt, die einen wunderbar lyrischen Sopran hatte. Ich bekam gute Kritiken, hörte aber nichts von Bruno Walter.

Drei Tage später kam dann die ›Butterfly‹ (die Münchener Staatsoper hat mir übrigens zu meinem siebzigsten Geburtstag diese zwei Programmzettel geschenkt). An diesem Abend aber geschah nichts. Ich habe die Partitur zugeklappt – das Publikum war recht nett zu mir und akklamierte den jungen Dirigenten, aber das war auch alles. Ich verbrachte eine schlaflose Nacht ... Endlich kam der Anruf von der Intendanz, ich solle ins Theater kommen. Bruno Walter kam mir entgegen und fragte: »Nun, mein lieber Kollege, wie gefällt Ihnen München?« Ich sagte: »München gefällt mir ganz ausgezeichnet.« Da antwortete Bruno Walter: »Sie gefallen München auch sehr gut.«

Mit Bruno Walter sollte ich von da an immer ein gutes Einvernehmen haben. Wir schrieben einander auch während des Krieges, und unsere Freundschaft blieb für das ganze Leben bestehen. Ich erzählte ihm, daß ich in Graz den ›Fidelio‹ dirigiert hätte, worauf Bruno Walter erwiderte: »Den werden Sie hier vorerst nicht dirigieren, aber ich bin der Meinung, daß Sie bei mir noch etwas lernen können.« Ich stimmte ihm bei, und dann sagte er etwas, was ich im Laufe meines Lebens immer wieder bestätigt gefunden habe: »Lieber junger Freund, ich habe die bittere Erfahrung gemacht« (er war doch in Wien von der Kritik schändlich behandelt worden – nach dem ›Lohengrin‹ hatte man ihm geraten, einen anderen Beruf zu ergreifen), »daß sich in unserer Karriere jeder Sprung nach vorn furchtbar rächt. Diesen Sprung nach vorn muß man dreimal nachholen. Ich würde Ihnen – nicht aus Eigennutz – raten«, fügte er hinzu, »hierzubleiben. Sie werden sich hocharbeiten und viel lernen. Nehmen Sie die Position in München an.« Er war mir vom ersten Augenblick an sympathisch gewesen, und ich entschloß mich, seiner Aufforderung zu folgen. Ganz Graz stand Kopf, daß ich so einen Blödsinn machen konnte. Aber ich blieb unbeirrbar, dirigierte noch den ›Tristan‹ und trat dann im Frühsommer 1921 meine Stellung in München an.

Zu Beginn mußte ich Opern dirigieren, von denen ich noch keine

Ahnung hatte: die ›Martha‹ und den ›Maskenball‹ – mein Repertoire war noch relativ klein, denn ich hatte ja erst ein, zwei Jahre Opernpraxis hinter mir. Da gab es wieder Nächte des Studiums wie vor meinen juristischen Prüfungen, aber doch fruchtbarer, weil es eine Materie war, die meiner Begabung und Liebe entsprach.

Etwas aber war vor allem entscheidend: Bruno Walter brachte mir Mozart näher. Ich kam aus einer Familienatmosphäre, in der Richard Wagner vergöttert wurde. Meine Mutter war unerhört musikalisch, nicht nur musikliebend, während mein Vater musikliebend, aber nicht musikalisch im eigentlichen Sinne war. Er lernte neue Lieder schwer, zum Beispiel die Strauss'sche ›Heimliche Aufforderung‹, die ich mit ihm einstudieren mußte. Und neben Richard Wagner gab es für ihn keine anderen musikalischen Götter. Rückblickend finde ich es erstaunlich, wie dieser Zauberer Wagner einen Menschen eingefangen hatte, der, aus einer Bäckerfamilie stammend, ursprünglich überhaupt nichts mit Musik zu tun gehabt hatte, sondern nur durch das Miterleben der ersten Wagner-Aufführungen zum leidenschaftlichen Wagnerianer wurde. Das hatte in dieser Kampfzeit für Wagner schon seine Bedeutung; damals brauchte man die Wagnerianer. Mein Vater war auch einer der ersten Bayreuth-Besucher. Er freundete sich mit vielen Sängern an, vor allem aber mit dem berühmten Dirigenten Hans Richter, mit dem er dann per Du wurde. Diesen Hans Richter, der die Partitur der ›Meistersinger‹ ins reine geschrieben hat, fragte mein Vater: »Wie wird man eigentlich Dirigent?« Und Hans Richter antwortete: »Man geht aufs Podium – uns entweder kann man es oder man lernt es nie!« Cum grano salis ist dies auch wirklich wahr. Routine kann, ja muß man sich aneignen – Dirigierenlernen ist nur mit großen Vorbehalten möglich.

Auch meine Mutter ging mit meinem Vater in die Wagner-Opern; und wenn die Sprache auf Mozart kam, dann hieß es immer: »Mozart, der ist doch völlig undramatisch mit seinen ewigen Textwiederholungen.« Viele Jahre später erst ging mir auf, was diese »ewigen Wiederholungen« Mozarts bedeuten sollten.

Jetzt kam ich also nach München zu Bruno Walter, der Mozart über alles liebte, in das herrliche Residenztheater, das nun – leider nicht mit der gleichen guten Akustik – neu erstanden ist. Es war an das Nationaltheater angegliedert, und man brauchte nur durch einen Gang zu gehen und war schon im Residenztheater.

Ich habe kaum eine Mozart-Aufführung unter Bruno Walter ausgelassen und, wenn es nur irgendwie ging, auch bei den Proben zugehört. Bruno Walter bemerkte mein Interesse, und es geschah das

Unglaubliche, daß ich als letzter und jüngster Dirigent schon im ersten Jahr meiner Tätigkeit in München eine Aufführung der ›Entführung‹ dirigieren durfte – mit einer Besetzung, die ich mir heute noch wünschen würde: Richard Tauber sang den Belmonte, Maria Ivogün die Konstanze und Paul Bender den Osmin.

Leider blieb Bruno Walter nur noch ein Jahr in München. Nach ihm kam Knappertsbusch, mit dem ich mich erst zusammenraufen mußte, denn er war sowohl äußerlich wie auch innerlich in der Art des Musizierens genau das Gegenteil von Bruno Walter und wurde von der damals schon in Schwung kommenden Nazi-Bewegung als der blonde, blauäugige, große, schlanke Germane gefeiert. Ich möchte aber betonen, daß Knappertsbusch nie Nazi gewesen ist, später heftige Auseinandersetzungen mit dem Regime hatte und schließlich von Goebbels aus München entfernt wurde. Aber er war das krasse Gegenteil von Bruno Walter, der ein übersensibler Jude war und etwas an Gustav Mahler erinnerte, von dem er mir oft erzählte, wobei er immer wieder betonte, wieviel er ihm als seinem Lehrmeister zu verdanken habe – wie ich wiederum Bruno Walter die Erweiterung meines musikalischen Gesichtskreises verdanke. Durch Bruno Walter lernte ich übrigens auch Thomas Mann kennen, der mich menschlich und künstlerisch sehr gern hatte und dessen Tochter – ich erfuhr das erst später – ich einmal hätte heiraten sollen.

Ich muß jetzt erzählen, daß ich in München meine Frau kennenlernte. Sie entstammte einer Münchner Kaufmannsfamilie und war bereits mit sechzehneinhalb Jahren Schülerin von Maria Ivogün. Sie ging ein halbes Jahr nach Bamberg und sang dann Bruno Walter vor, der sich immer der jungen Sänger annahm. Er war von ihr begeistert und ließ sie als Siebzehnjährige auf der Bühne des Nationaltheaters als Oskar im ›Maskenball‹ unter seiner Direktion debütieren.

Ich dirigierte dann die ›Bohème‹, in der meine Frau die Mimi sang, und Bruno Walter sagte immer wieder zu mir: »Diese Thea Linhard hat eine süße, aber noch sehr kleine Stimme; sie ist ja auch erst siebzehn Jahre alt. Das Puccini-Orchester ist so furchtbar laut; dämpfen Sie, dämpfen Sie!« – Thea Linhard wurde im Jahre 1927 meine Frau.

Wir litten beide unter Bruno Walters Weggang und schämten uns nicht, bei seinem Abschied zu weinen, doch mußten wir uns damit abfinden. Knappertsbusch hatte für meine Frau wenig Verständnis, während sich sein Einvernehmen mit mir nach und nach besserte und er mich später wie einen gleichgestellten Kollegen behandelte. Ich rückte langsam auf und habe nach einer Aufführung des ›Rosenkavalier‹ – ich hatte die Oper vorher nie dirigiert und mußte sie binnen vierundzwanzig Stunden übernehmen – das Vertrauen von Knappertsbusch endgültig gewonnen. Damals habe ich wohl Glück gehabt, daß die Sänger im dritten Akt nicht »schmissen« – in solchen Fällen ist ja der Dirigent, der diese Oper zum erstenmal dirigiert, verloren. Knappertsbusch ließ mir von da an, vor allem bei Mozart, freie Bahn. Er selbst hatte, wie ich in der Rückschau beurteilen darf, nur ein platonisches Verhältnis zu Mozart. Ich durfte ›Entführung‹, ›Figaro‹ und die ›Zauberflöte‹ dirigieren – und dann auch die Straussopern. Damals übernahm ich eine ›Ariadne‹-Aufführung, die mir sehr gut gelang, weil ich schon als Korrepetitor unter Oskar Posa alle Proben mitgemacht hatte. Ich schrieb darüber einen glücklichen Brief an meine Eltern:

»Meine lieben, guten Eltern! Ich bin selig und muß Euch gleich mein Herz ausschütten. Ich habe dieses ›Ariadne‹-Dirigieren absichtlich herbeigeführt, um es auf eine künstlerische Machtprobe ankommen zu lassen; ich habe sie glänzend bestanden. Niemand im Orchester und bei den Sängern wollte es mir glauben, daß ich die Oper zum erstenmal ohne Probe dirigierte. Ivogün sagte mir am Schlusse, sie habe noch mit niemandem, auch mit Strauss nicht, so leicht gesungen wie mit mir. Sie ließen mich alle holen, und ich mußte x-mal unter unbeschreiblichem Jubel des Publikums vor den Vorhang. Ich muß aber auch ohne den Schein einer Arroganz zu erwecken sagen, daß ich mich glänzend bewährt habe. Die Oper ist nach Aussage Schalks die am schwersten zu dirigierende, mithin eine unendliche Frechheit, dieselbe ohne Probe zu dirigieren. Aber ich habe meiner künstlerischen Kraft vertraut, und sie hat mich nicht betrogen. Auch nicht die kleinste Unsicherheit am ganzen Abend. Dieses künstlerische Kraftgefühl von gestern abend gebe ich nicht für ein Meer von Dollars her. Das Orchester (alle 1. Professoren saßen dabei) applaudierte stehend, als ich den Orchesterraum verließ, und alle kamen auch zu mir; was sie mir alles sagten, will ich lieber gar nicht wiederholen, um nicht am Ende noch eingebildet zu werden.

Also habe ich meine erste Strelssoper so gut bestanden. Die Steigerung am Schluß wird mir unvergeßlich bleiben; so ein strahlendes fff habe ich nie gehört. Es ›krachte‹, hätte Mottl gesagt. Nun weine ich noch eine stille Träne, daß Ihr nicht dabei waret, und küsse Euch tausendmal als Euer seliger                    Karl.«

Sechs Jahre war ich in München am Nationaltheater und habe in dieser Zeit, wie mir die Intendanz zu meinem siebzigsten Geburtstag mitteilte, ungefähr siebenhundert Opernaufführungen dirigiert, war aber dafür auf dem Konzertsektor völlig lahmgelegt; der blieb dem Generalmusikdirektor vorbehalten.

Ich setzte mich immer für die moderne Musik ein, und so machte ich in München einen Vorschlag für einen Opernabend, der 1923 noch ein gefährliches Wagnis darstellte. Ich schlug ›L'heure Espagnole‹ von Maurice Ravel und die ›Nachtigall‹ von Strawinsky vor. Die Orchesterproben fanden im Foyer des Nationaltheaters statt – ob das heute noch so ist, weiß ich nicht. Dort waren die Bilder der ehemaligen Generalmusikdirektoren aufgehängt, und da erinnere ich mich eines lustigen Vorfalls. Ich war doch fast jeden Abend in der Vorstellung und merkte dabei, daß die Musiker jedesmal ausspuckten, wenn sie an der Büste des Generalmusikdirektors Zumpe vorbeigingen. Es schien mehr symbolisch gemeint, und zuerst glaubte ich, es wäre ein Zufall. Als sich das aber immer wiederholte, fragte ich: »Warum macht ihr denn das?« – »Das war ein ganz gemeiner Mensch.« – »Aber ihr habt ihn doch gar nicht gekannt«, sagte ich. – »Das Ausspucken vererbt sich von Generation zu Generation«, sagten sie. Und dann erzählten sie: »Wir haben an den König eine Eingabe um Gagenerhöhung gemacht, die Zumpe zur Begutachtung vorgelegt wurde; und der sagte: ›Ich bin gegen die Erhöhung; mit hungrigen Hunden ist gut jagen!‹« Das kam den Musikern zu Ohren, und sie spuckten von da an vor ihm aus.

Das Foyer befindet sich an der Vorderfront des Theaters, vor der das Max-Joseph-Denkmal steht, das die Hand warnend erhoben hält: Geht ja nicht ins Nationaltheater! Deshalb kann ich mich an ein Ereignis genau erinnern: Das war Hitlers Marsch auf die Feldherrnhalle im Jahre 1923. Ich probte im Foyer gerade wieder einmal die ›Nachtigall‹ von Strawinsky, dessen Musik später als Kulturbolschewismus auf die Verbotsliste der Nazis kam. Plötzlich hörten wir Schüsse – und da wurden auch schon die Verwundeten und Toten auf den Max-Joseph-Platz gebracht. Die Regierung hatte Posten aufgezogen und die öffentlichen Gebäude zernieren lassen, um sie zu schützen. Ich mußte die Probe abbrechen; wir waren alle sehr aufgeregt, denn wir wußten ja nicht, was draußen vorging.

## 3. Kapitel

Darmstadt · Lauter junge Leute: modern, fleißig und besessen · ›Wozzeck‹
· ›Wozzeck‹ in Neapel, Buenos Aires, Salzburg, Wien und New York ·
Freundschaft mit Alban Berg · Schönberg · Der Volkschor in Worms.

Ende 1927 erhielt ich ein Angebot für eine freiwerdende Stelle als
Generalmusikdirektor nach Darmstadt. Nachdem ich in München
den ›Ring‹, den ›Tristan‹ und sämtliche »großen« Mozartopern diri-
giert hatte, weigerte ich mich, in Darmstadt auf Probe zu dirigieren.
Das respektierte man auch; ich stellte mich vor und bekam die Stelle.
Meine Frau sang in dieser Zeit mir zuliebe nur mehr in Konzerten.
Bruno Walter holte sie, als er nach dem Kriege nach Wien gekommen war, zu einer dortigen Aufführung der ›Jahreszeiten‹.
    Carl Ebert war damals Generalintendant in Darmstadt – vorher
war er Schauspieler in Frankfurt am Main gewesen – und Rudolf
Bing, der jetzige Leiter der Metropolitan Opera, Leiter des Betriebs-
büros. A. M. Rabenalt war erster Opernregisseur. Wir waren junge
Leute, durchschnittlich um die Dreißig, alle modern eingestellt und
ungeheuer fleißig. Im Schauspiel gab es auch große Begabungen, unter anderen Werner Finck.
    Ich begann mit Händels ›Julius Cäsar‹ in einer ganz modernen
Inszenierung Rabenalts und dem Bühnenbild von Wilhelm Rein-
king, der heute an der Deutschen Oper Berlin wirkt. Wir machten
wirklich lebendiges und fortschrittliches Theater. Dann habe ich als
offizielle Eröffnungsvorstellung mit großem Erfolg meine ersten
›Meistersinger‹ dirigiert. In der Folge trachtete ich danach, die be-
rühmtesten Uraufführungen, die Otto Klemperer in Berlin dirigierte, als erste Bühne meist schon zwei Tage später in Darmstadt herauszubringen, wie zum Beispiel ›Neues vom Tage‹ von Hindemith
und ›Das Leben des Orest‹ von Křenek.
    Im Jahre 1931, als ich das Orchester und mein Ensemble nach drei
Jahren fest in der Hand hatte, wagte ich es, den ›Wozzeck‹ von
Alban Berg anzusetzen. Man darf nicht verkennen, welche
Unmenge von Schwierigkeiten dieses Werk im Jahre 1931 mit sich
brachte. Ich habe den ›Wozzeck‹ jetzt mit Fischer-Dieskau auf die
Schallplatte gebannt, und die Oper ist inzwischen nicht einfacher
geworden; damals aber war sie mehr als nur schwierig. Ich begann
mit den einzelnen Bläsergruppen allein zu proben, da man ja den
Musikern oft lange Erläuterungen geben mußte, die sehr viel Zeit

beanspruchten. Das Schwierigste an Alban Berg ist seine Notation, die aber eben zum Wesen seiner Musik gehört. Man könnte ja – und ich würde mich dazu anheischig machen – die Partitur, ohne einen Ton oder eine dynamische Bezeichnung zu verändern, so umschreiben, daß die Oper bedeutend leichter zu lesen wäre; dann wäre sie allerdings aber nicht mehr *der* Bergsche ›Wozzeck‹. Bei ›Lulu‹ hat Berg die Schwierigkeiten bei der Notation – vielleicht auch ein wenig auf meine Anregung hin – schon etwas reduziert.

In diesen Zusammenhang gehört übrigens ein Ausspruch von Richard Strauss: »Je schneller ich komponiere, desto langsamer notiere ich.« Ein klassisches Beispiel dafür ist das Vorspiel zum dritten Akt der ›Schweigsamen Frau‹. Wenn Strauss es in Zweiunddreißigsteln notiert hätte, wäre es für die Musiker rein optisch sehr schwer zu lesen – so schrieb er es in halben und Viertelnoten und schrieb darüber eine rasche Metronombezeichnung. Alban Berg hingegen schrieb in Vierundsechzigsteln, und beim letzten Vierundsechzigstel haben zum Beispiel die Celli ein Pizzicato zu spielen, das sehr schwer zu lesen und noch schwerer rhythmisch zu spielen ist, und der Dirigent kann wenig anderes machen als einen langsamen Vierviertakt zu dirigieren, wobei das Orchester das in den Proben Erarbeitete dann selbst einteilen muß. Wir hatten für diesen ›Wozzeck‹ ungefähr vierunddreißig Proben gemacht!

Und nun möchte ich auf die so beglückende Begegnung mit Alban Berg zu sprechen kommen und sagen, daß ich dem ›Wozzeck‹ nach dem Krieg – nicht zuletzt aus Dankbarkeit für seinen Schöpfer – zu seinem internationalen Erfolg verholfen habe. Nach der seinerzeitigen Aufführung in Salzburg, mit Schuh als Regisseur, hat diese Oper die ganze Welt erobert.

Ich habe den ›Wozzeck‹ überall dirigiert, zum Beispiel auch in italienischer Sprache mit Tito Gobbi im Teatro San Carlo in Neapel, wo der Direktor sein Theater einen ganzen Monat lang geschlossen hielt und ich wieder vierunddreißig Orchesterproben ansetzte. Bis zur achtzehnten Probe habe ich kein Licht am Horizont gesehen. Ich habe probiert – es geht –, ich habe weiter probiert – es geht nicht. Die Neapolitaner sind ein wirklich gutes Völkchen – die Musiker waren schlecht bezahlt, aber die liebenswürdigsten Geschöpfe – nur eines haben sie an sich: eine Redelust, die durch nichts zu bremsen ist. Sie reden natürlich auch bei den Proben. Ich hörte infolgedessen oft zu dirigieren auf und sagte: »Io ho tempo.« Und dann mußten sie nachsitzen. Aber diese Lösung fand ich erst später – anfangs hatte ich noch nicht so viel Geduld, machte es wie meine italienischen Kollegen und brach in cholerische Schreikrämpfe aus. Das störte sie aber überhaupt nicht, denn das waren sie gewohnt. Ich erinnere mich an die Passacaglia aus dem ersten Akt in der Szene des Wozzeck mit dem Doktor; da ist eine Stelle in den Celli, die rhythmisch sehr schwierig ist, und da im Orchester immer gesprochen wurde, klappte es einfach nie. Da schmiß ich den Taktstock hin, kletterte über die Brüstung und ging einfach weg. Daraufhin kamen mir alle nachgelaufen und schrien: »Maestro, ritorna per favore!« – Als ich wieder zurückkam, geschah etwas, das ich nie vergessen werde: Die Musiker erhoben sich, auf einem Tablett überreichte man mir Dolce und Vermouth – und dann intonierte das Orchester ›O sole mio‹. Und mit welcher Inbrunst meine Neapolitaner das spielten!

Der ›Wozzeck‹ fand in Neapel solchen Anklang, daß er im folgenden Jahr wiederholt werden mußte. Gobbi, der die Rolle vor allem im dritten Akt neoveristisch interpretierte, war ein hervorragender, auch darstellerisch großartiger Vertreter der Titelpartie.

Ich habe den ›Wozzeck‹ auch in Buenos Aires im Teatro Colon zur Aufführung gebracht. Der deutsche Text wurde für das Publikum ins Spanische übersetzt, und das hatte zur Folge, daß auch die anderen Werke Büchners wie zum Beispiel ›Dantons Tod‹ ins Spanische übersetzt wurden. Last, not least habe ich jahrelang gebohrt, bis ich das Werk an der Metropolitan Opera dirigieren konnte, und die Aufnahme beim Publikum war so gut, daß die Oper auch dort im nächsten Jahr wiederholt werden mußte. Und schließlich wählte ich den ›Wozzeck‹ als eine der Eröffnungspremieren der wiederaufgebauten Wiener Oper aus. –

Alban Berg kam ungefähr acht oder zehn Tage vor der Erstaufführung nach Darmstadt. In meinem ganzen Leben, glaube ich, habe ich kein solches Lampenfieber gehabt wie damals. Ich hatte ja keine Ahnung, ob ich es trotz Bergs genauen metronomischen Angaben richtig gemacht hatte; aber nach den ersten Worten, die er mit mir wechselte, war jede Scheu von mir gewichen. Er und seine Frau waren für mich die idealsten, schönsten und liebsten Menschen, die gütigsten, die ich je kennengelernt habe.

Die Wiener Aufführung unter Clemens Krauss hatte vor meiner Darmstädter Aufführung stattgefunden; doch sagte Alban Berg zu mir: »Trotz der herrlichen Philharmoniker ist mir diese Aufführung lieber.« Und wir sind dann Freunde bis zu seinem allzu frühen Tod geblieben. In meine ›Wozzeck‹-Partitur schrieb Alban Berg: »Die Darmstädter ›Wozzeck‹-Aufführung am 28. Februar 1931 war für mich ein großes und beglückendes Ereignis, nicht nur weil sie ganz wunderbar gelang, sondern weil sie mich auch zum erstenmal in Verbindung brachte mit dem besonders lieben Menschen und prachtvollen Musiker Dr. Karl Böhm. Er sei tausendmal bedankt von seinem *Alban Berg*.«

Ich traf ihn ab und zu in den Ferien, zuerst am Ossiachersee und später am Wörthersee. Dort hat er mir, als einem der ersten, den ersten Akt seiner ›Lulu‹-Partitur gezeigt; er erklärte mir, warum er diese Partie für einen Koloratursopran schrieb. Die Kälte der Frau, die nicht weiß, warum sie auf die Männer so anziehend wirkt, wollte er zeigen, nicht nur die Canaille, wie man sie auf der Bühne so oft zu sehen bekommt. Der erste Akt war damals fast vollendet. Ich bin sehr stolz darauf, diese Oper vor einigen Jahren nach Wien, ans Theater an der Wien, gebracht zu haben und auch der erste gewesen zu sein, der sie 1968 in Berlin dirigierte, wo die Uraufführung des ›Wozzeck‹ stattgefunden hatte.

Durch Alban Berg und seine Frau, mit der ich heute noch befreundet bin, habe ich den ganzen Mahler-Kreis kennen und lieben gelernt und aus ihren Erzählungen Alban Bergs Lehrmeister Arnold Schönberg und seinen Freund Anton von Webern. Ich kann mich noch ganz genau erinnern, wie Berg eines Tages, als ich mich nicht genug lobend über den ›Wozzeck‹ äußern konnte, zu mir sagte: »Ich bin doch ein Nichts gegen Schönberg.« Und ich antwortete: »Seien Sie mir nicht böse, aber der zweite Teil des Schön-*berg* ist mir noch lieber als der gesamte.« – Nichts gegen Schönberg, von dem ja das ganze Zwölftonsystem stammt und der nicht zuletzt dadurch ein Großer in der Geschichte der Musik wurde – aber: Schönberg war als Bühnendramatiker eigentlich nicht in seinem Element, während sich Bergs geniale Begabung als Dramatiker schon im Aufspüren und in der Wahl der Stoffe zeigte. Beim Studium der ›Lulu‹ und vor allem des ›Wozzeck‹ merkt man die grandiose Begabung Bergs, der imstande war, strengste Formen wie Passacaglia, Fuge, Variationen dem dramatischen Geschehen so unterzuordnen, daß der Zuhörer gar nicht dazu kommt, darüber nachzudenken. Ich erinnere mich, daß Berg selbst Vorträge über den ›Wozzeck‹ hielt und am Schluß zum Publikum sagte: »Und jetzt vergessen Sie alles, was ich Ihnen gesagt habe, und lassen Sie einzig das Drama auf sich einwirken!«

An Novitäten gab es in Darmstadt damals noch: ›Die schwarze Kammer‹ von Roters, ›Judith‹ von Honegger, ›Valerio‹ (nach ›Leonce und Lena‹) von dem Darmstädter Simon, dann ›Sly‹ von Wolf-Ferrari und ›Johnny spielt auf‹ von Křenek.

Ich hatte in Darmstadt einen sechsjährigen Vertrag, von 1927 bis 1933. Im Jahre 1928 kam am 16. März unser einziger Sohn Karlheinz in Darmstadt zur Welt. – Ende 1930 dirigierte ich dort eine ›Meistersinger‹-Aufführung, der Leopold Sache, der Intendant von Hamburg, beiwohnte. Sachse war derart begeistert, daß er mich bat, die Nachfolge Egon Pollaks, der damals nach Chicago ging, anzutreten. Ich hatte große Schwierigkeiten, mich von Darmstadt zu lösen, man gab mich aber schließlich doch frei. Am wehmütigsten war Ebert, der zu mir sagte: »Jetzt lassen Sie mich hier allein in diesem Bumsnest«, das ja Darmstadt damals außerhalb des Theaters wirklich war. Ebert bekam aber dann schon einige Monate später die Intendanz der Städtischen Oper in Berlin; dorthin ging er zusammen mit Rudolf Bing.

In Darmstadt leitete ich auch sämtliche Symphoniekonzerte und dirigierte in diesen vier Jahren vor allem das ganze klassische Repertoire, aber bei fast jedem Konzert auch eine Novität. Neben meinen acht ordentlichen Symphoniekonzerten mit öffentlichen Generalproben leitete ich auch den Singverein von Darmstadt, mit dem ich fast alle großen Chorwerke aufführte. Der Chor war zwar willig, aber stimmlich nicht so hervorragend, da er überaltert war. Da bekam ich einen Auftrag des Wormser Bürgermeisters Rahn – das war ein aufrechter Mann, der sich mit Erfolg gegen die Nazis gewehrt hatte, er wurde dann selbstverständlich von seinem Posten dispensiert und interniert, später aber wieder freigelassen.

Bürgermeister Rahn lud mich ein, einen neu gegründeten Volkschor zu dirigieren – und was wählte ich als erstes Stück? Verdis ›Requiem‹. Dieser Chor war stimmlich noch völlig ungebildet, als ich zur ersten Probe kam; es war eben ein wirklicher Volkschor. Bürgermeister Rahn sang selbst mit, neben ihm ein Schlosser oder Maurer. Die Chormitglieder waren ohne Rücksicht auf ihren Beruf ausgewählt worden, es kam nur auf die Stimme an. Und das Stimmaterial war wirklich gut, völlig unverbraucht, echt rheinische Stimmen. Ich hatte die Freude – nach allerdings sehr, sehr vielen Proben, denn dem Chor mußten doch erst die Grundprinzipien des Singens beigebracht werden –, eine sehr schöne Aufführung zustande zu bringen.

Es gab damals zwei besonders gute Weinjahre, 1921 und 1925. Aus Dankbarkeit schickte mir der Bürgermeister je fünf Flaschen »Liebfrauenmilch« aus diesen Jahrgängen als Geschenk. Ich kenne den Platz bei der Liebfrauenkirche in Worms, wo diese Trauben wachsen, und ich muß immer lachen, wenn ich an dieses lächerlich kleine Stück Erde denke und sehe, wieviel »Liebfrauenmilch« allein in Amerika getrunken wird.

Mit diesem Chor führte ich später auch das ›Deutsche Requiem‹ von Brahms auf – und hatte die größte Freude an seiner musikalischen Entwicklung.

Ich blieb mit Bürgermeister Rahn in Kontakt, er beantwortete mir noch einen Tag vor seinem Tode einen Brief. Zu dieser Zeit war er fünfundachtzig Jahre alt, und seine Tochter sagte mir später, mein Brief sei seine letzte Freude gewesen.

## 4. Kapitel

Hamburg · Die musikalische Partei · ›Tristan‹ in Wien · Das erste »Philhar-
monische« in Wien · Es riecht nach Wald · Dresden · Der Abgang Fritz
Buschs · Ein Ensemble · Die Sächsische Staatskapelle · Gesamtgastspiel in
London · Bruckner · Die Orignalfassungen.

Es gibt Städte, in denen hat man – man braucht nur beim Bühnentürl
hineinzugehen – sofort Erfolg; in anderen Städten gelingt es einem
trotz heißesten Bemühens nur so mit Ach und Krach. Eine Stadt, wo
es von Anfang an gut ging, war Hamburg. Hamburg liebt mich heute
noch genauso wie seinerzeit, das hat das letzte Gastkonzert mit den
Wiener Philharmonikern wieder gezeigt, und die Liebe ist gegenseitig geblieben.

Gleich beim ersten Auftreten wurde ich vom Hamburger Publikum mit offenen Armen aufgenommen. Die Hamburger sind durch
das Meer mit der ganzen Welt verbunden und haben offene Augen
für alles, sie sind weder engstirnig noch kalt. Im Gegenteil: ich kenne
kaum ein herzlicheres Publikum.

In Hamburg kam ich zum erstenmal, zunächst brieflich, mit
Richard Strauss in Berührung. Ich möchte bei dieser Gelegenheit sagen, daß ich fest daran glaube, daß Menschen, die etwas auszusagen
haben, meist oder fast immer auch das Glück haben, im richtigen
Moment die richtige Förderung zu erfahren. Mir ging es so mit meinem Lehrer Weiß in Graz, später mit Mandyczewski, dann kam die
schicksalhafte Begegnung mit Bruno Walter, der ich auch die Über-
windung meines Egoismus zu verdanken habe; denn wenn ich damals nach Aussagen aller richtig gehandelt hätte, hätte ich jetzt rückblickend falsch gehandelt, wäre damals in Graz geblieben und alles,
was für meine Entwicklung wichtig und förderlich war, wäre ausge-
blieben. Genauso war es bei meiner Begegnung mit dem Genie
Richard Strauss – trotz aller Einwendungen, die man gegen ihn vor-
bringt, seien es persönliche, politische und jetzt zuweilen sogar
künstlerische . . .

In Hamburg – es zeigten sich schon die Vorzeichen der Ereignisse
von 1933 – erhielt ich irgendwann im Jahre 1932 den Anruf eines
Hamburger Rechtsanwalts, der mich um eine Unterredung ersuchte.
Ich dachte, es handle sich um eine Opernangelegenheit – aber es kam
ganz anders. Er kam zu mir und teilte mir mit, er sei von der Nazi-
partei zum Reichsleiter von Hamburg ausersehen. Ich sei doch
Arier, und Leopold Sachse müsse selbstverständlich verschwinden,
mir würde er hingegen die Stelle eines Generalintendanten der

Hamburger Oper antragen. Ich sei doch selbstverständlich illegales Mitglied der NSDAP. Darauf teilte ich ihm mit, ich sei nicht Mitglied dieser Partei. – »Dann müssen Sie eben eintreten«, sagte er, worauf ich erwiderte, ich sei bereits Mitglied einer Partei, ich könne daher nicht. Da fragte er: »Was sind Sie? Deutschnationaler! Christlich-Sozialer?« – »Nein.« – »Sind Sie Kommunist?« – »Nein.« – »Sind Sie Sozialist?« – »Nein.« – »Auch nicht . . . Zum Teufel, was sind Sie denn?« – »Ich gehöre nur *einer* Partei an: der musikalischen.« Und dann, als er etwas sagen wollte: »Das ist mein voller Ernst. Ich war nie bei einer Partei, nicht einmal bei einem Feuerwehrverein, und werde nie einer beitreten. Ich war auch auf der Universität nie bei einer Verbindung. Ich bin einzig auf meine Musik eingestellt.« – Das habe ich übrigens bis zum heutigen Tag so gehalten. So wurde ich natürlich nicht Generalintendant, aber ich kam dann ohnehin nach Dresden.

Der Opernbetrieb in Hamburg sagte mir zu. Mit Egon Pollak war ich sehr befreundet; er war mit einer Grazerin verheiratet und wohnte in der Isestraße, Haus an Haus mit uns. Ich hatte, schon um nicht in den Verdacht zu geraten, ich hätte ihn von seinem Posten verdrängt, einen Gastvertrag für ihn durchgesetzt, der ihn, soweit es seine amerikanischen Verpflichtungen erlaubten, weiterhin an Hamburg band. Er dirigierte jedes Jahr den ›Ring‹ und war ein phänomenaler Musiker. Später ging er nach Prag, wo er auf tragische Weise plötzlich starb. Er war herzleidend und hatte eine schwere Lungenentzündung gehabt; während einer ›Fidelio‹-Aufführung ließ er bei der Stelle: »Mir ist so wunderbar . . .« den Taktstock fallen, konnte gerade noch das Dirigentenpult verlassen und starb hinter der Bühne.

In dieser Zeit dirigierte ich zum erstenmal die ›Elektra‹; die ›Salome‹ hatte ich schon in Darmstadt dirigiert. Dazu kam noch als Neuinszenierung die ›Arabella‹.

Die meisten Regien führte Sachse selbst, der ein gewiegter, erfahrener, aber nicht in die Moderne vorstoßender Bühnenfachmann war – und gegen Darmstadt kam mir das antiquiert vor. Sachse war damals nicht mehr sehr jung; er mußte dann aus politischen Gründen nach New York emigrieren, wurde dort Lehrer und führte Regie.

Ich dirigierte damals ›Das Herz‹ von Pfitzner und ›Die Soldaten‹ von Gurlitt, das letzte eine schreckliche Aufführung und ein schreckliches Stück. Es war übrigens die letzte Aufführung, die mein Vater mit mir hörte. Er hat zwar noch meine Berufung nach Dresden, aber keine dortige Aufführung mehr erlebt.

Anläßlich der ›Arabella‹ schrieb ich an Richard Strauss. Es handelte sich um Striche, gegen die er sich immer wehrte. Er sagte damals und immer wieder: »Wenn ich es anders gewollt hätte, dann hätte ich es ja nicht komponiert! Mich dürfen Sie nicht fragen.«

Noch während meiner Hamburger Zeit fand die erste Fühlungnahme zwischen Dresden und mir statt. Dazwischen aber kam eine Einladung, an der Wiener Oper ›Tristan und Isolde‹ zu dirigieren. Was diese Einladung für mich bedeutete, kann man nach dem Vorhergesagten wohl ermessen, verband sich doch mit dem Namen dieses Instituts meine Vorstellung von höchster Opernkunst. Der Galeriebesucher von 1910 bis 1918 sollte plötzlich dort am Pult stehen, wo ein Gustav Mahler, ein Bruno Walter gewirkt hatten, wo Franz Schalk noch wirkte. Selbstverständlich nahm ich die Einladung an. Ich hatte nur eine einzige Orchesterprobe, verstand mich aber ausgezeichnet mit den Philharmonikern, mit denen ich bei dieser Gelegenheit zum erstenmal in Berührung kam. Die Aufführung am nächsten Tag war ein ganz großer Erfolg.

Sehr lebhaft kann ich mich eines Mannes erinnern, den ich schon als Student – man kann sagen: fast angebetet habe und dem zuliebe ich in jeden ›Parsifal‹ gegangen bin: Richard Mayr. Er sang den König Marke. Noch in der Nacht nach der Vorstellung kam Hugo Burghauser, der Vorstand der Philharmoniker, zu mir und lud mich ein, ein Philharmonisches Konzert zu dirigieren. Dieses fand auch im April desselben Jahres 1933 statt. Es existieren sogar noch Momentaufnahmen von einer Probe, und ich habe die alten Gesichter eines Rosé, eines Buxbaum und eines Wunderer oft und oft wieder angesehen. Das Konzertprogramm: die ›Haffner-Symphonie‹ von Mozart, die ›Zweite‹ von Brahms und die ›Fünfte‹ von Beethoven. Ein Programm, welches ich auf Wunsch Burghausers so gestaltete, denn seither habe ich nie mehr zwei Standardwerke wie die Brahms- und Beethoven-Symphonie hintereinander in einem Konzert dirigiert. Man fragte übrigens schon nach dem ›Tristan‹ über Zwischenpersonen bei mir an, ob ich Lust hätte, die Wiener Oper zu übernehmen. Da dies hinter dem Rücken des gerade abwesenden Clemens Krauss geschah, lehnte ich ab.

Unmittelbar nach dem Wiener ›Tristan‹ fuhr ich nach Dresden und dirigierte dort Anfang Mai ebenfalls den ›Tristan‹. Schon nach dem ersten Akt hat man mir die durch den unschönen Weggang von Fritz Busch verwaiste Operndirektorstelle angeboten. Ich aber war ja noch an Hamburg gebunden und konnte daher nicht sofort akzeptieren. Das Theater in Dresden, die Akustik des Hauses und die Sächsische Staatskapelle hatten mir jedoch einen solchen Eindruck gemacht, daß ich sehr mit dem Gedanken liebäugelte, diesen Posten anzunehmen, falls Hamburg mich vorzeitig aus dem Vertrag entlassen würde.

Übrigens hörte ich ein lustiges Gespräch von zwei Orchestermusikern der Sächsischen Staatskapelle, die sich, ohne mich zu bemerken, über mich unterhielten, wobei der eine im schönsten Sächsisch sagte: »Wegen des Dialekts brauchen wir wenigstens nicht umzulernen, den kennen wir!«, denn einer meiner berühmten Vorgänger, Ernst von Schuch, war gleich mir Grazer gewesen.

Ich ging nach Hamburg zurück und bat, mich vorzeitig freizugeben, um so mehr, als der von mir so hochverehrte Leopold Sachse inzwischen sein Amt hatte verlassen müssen und Strohm als sein Nachfolger nach Hamburg gekommen war. Mit ihm habe ich in Hamburg noch den ›Freischütz‹ gemacht. Da komme ich in die Generalprobe und sehe: Er hat in einer sonst ganz modernen Inszenierung echte Tannenbäume auf die Bühne gestellt, von denen nach der dritten Vorstellung nur noch Stecken übrig waren. Und ich glaube, ich rieche nicht ganz richtig – es duftet nach Tannennadeln! Da hatte doch Strohm mit Tannennadelduft herumgespritzt, damit man schon beim Eintritt merkt, daß es im ›Freischütz‹ nach deutschem Wald riecht . . .

Ein Jahr später erhielt ich die erbetene Entlassung und trat mein Amt in Dresden im Januar 1934 an.

Fritz Busch war anläßlich einer ›Rigoletto‹-Aufführung – es war ein abgekartetes Spiel – von einigen Nazis ausgepfiffen worden, und ein anderer Dirigent der Dresdner Staatsoper stand schon im Frack bereit, um die Leitung der Oper zu übernehmen. Ich möchte mich deshalb über diesen Zwischenfall äußern, weil es später geheißen hat, ich hätte Busch aus seinem Amt verdrängt. Ich bin mit ihm in Wien sehr viel zusammengekommen, und er wußte genau, daß ich nichts mit der Sache zu tun hatte, denn ich habe Dresden erst vier Monate nach seinem Weggang zum erstenmal betreten. – Fritz Busch ist nach diesem Skandal – obwohl er »Arier« war – freiwillig in die Emigration gegangen.

Die Tatsache, daß ich nicht emigriert bin, hat man mir später ebenfalls verübelt. Auch verschiedene Personen aus dem Ausland stellten diesbezügliche Fragen, auf die mir stets nur zu erwidern blieb: Ich hatte damals leider kein Angebot von der Met oder von Covent Garden; ich konnte also schon wegen meiner Familie nicht ohne echte Nötigung eine gesicherte Position aufgeben, glaube aber im Verlaufe meiner Tätigkeit sowohl in Dresden wie später in Wien bewiesen zu haben, auf welcher Seite ich immer gestanden bin.

Nach dem Weggang Fritz Buschs aus Dresden hatte Franz Kutzschbach die provisorische Leitung der Dresdner Oper übernommen; er blieb noch einige Zeit Operndirektor, aber nur auf dem Papier, weil ich schon von Anbeginn an alle Rechte eines Direktors hatte. Meine erste Vorstellung fand am 7. Jänner 1934 statt: wieder die ›Meistersinger‹.

Die Zeit in Dresden war vielleicht meine künstlerisch fruchtbarste, weil ich damals, obwohl die politische Lage alles andere als angenehm war und später durch den Ausbruch des Krieges sogar äußerst prekär wurde, doch die Möglichkeit hatte, künstlerisch das durchzusetzen, was mir später nie mehr gelungen ist: wirklich ein Ensemble aufzubauen, das mir immer zu den Proben zur Verfügung stand und es mir möglich machte, die schwierigsten Ensembleopern einzustudieren, vier- oder fünfmal zu geben, später in derselben Besetzung wieder aufzuführen und dann eine Aufführung zu erleben, die nach einer einzigen kleinen Probe wie die Premiere ablief. Hinzu kam noch, daß die einzelnen Orchesterstimmen immer mit denselben Musikern besetzt waren, obwohl das Orchester der Dresdner Staatsoper hundertzwanzig Mann stark war und daher ein Wechsel wohl möglich gewesen wäre. Aus künstlerischen Gründen blieb jedoch die einmal für eine Oper getroffene Einteilung für alle Wiederholungen in Geltung.

Ich dirigierte im ganzen sechshundertneunundachtzig Vorstellungen, das bedeutet also ungefähr hundert Opernvorstellungen im Jahr. Daneben gab es noch die Abonnementskonzerte, zehn im Jahr, jeweils am Vormittag die Generalprobe und abends die Aufführung. Diese Konzerte fanden auf der Bühne statt, was nicht sehr glücklich war; aber das Theater hatte eine so herrliche Akustik, daß immer ein inniger Kontakt mit dem Publikum bestand.

Ich weigerte mich nur ein einziges Mal, die Generalprobe am gleichen Tag wie das Konzert zu dirigieren, und zwar bei einem Werk, bei dem ich es für unmöglich hielt, es zweimal innerhalb eines Tages so zu erleben, wie man es erleben muß: die ›Neunte‹ von Beethoven. Ich führte in Dresden ein – Wagner war der erste, der dies tat –, daß dieses Werk alljährlich am Palmsonntag gespielt wurde, aber die Generalprobe am Samstag vorher als Abendkonzert. Ich hielt an dieser Tradition fest und dirigierte allein in Dresden die ›Neunte Symphonie‹ zwanzigmal, wobei Maria Cebotari vierzehnmal die Sopranpartie sang.

Außerdem bemühte ich mich, in fast jedem Programm eine Novität zu bringen; dabei ließ ich mich nicht davon leiten, ob ich selbst hundertprozentig von dem Werk überzeugt war, sondern von dem

Gefühl: Hier kündigt sich eine Entwicklung an, die man dem Publikum aufzeigen muß, denn sonst wird es, wenn eines Tages der neue Messias der Musik kommt, auf den wir immer warten, ihn, der es ohnehin schwer genug haben wird, überhaupt nicht verstehen.

Meine erste Neueinstudierung war an dem Strauss-Theater natürlich ein Richard Strauss, und zwar der ›Rosenkavalier‹. Ich hatte zu dieser Vorstellung siebzehn Orchesterproben angesetzt – obwohl das Orchester in Dresden diese Oper schon hundertneunundneunzigmal gespielt hatte. Die erste Aufführung dirigierte Ernst von Schuch, die hundertste Aufführung Richard Strauss persönlich, und die zweihundertste ich. Die Orchesterproben zu dieser Aufführung waren äußerst fruchtbar, und ich konnte in dem Notenmaterial an die vierzehn oder fünfzehn schwere Fehler korrigieren. Nach der letzten Orchesterprobe sagte mir der Konzertmeister Jan Damen – er war Holländer und wurde später Konzertmeister im Amsterdamer Concertgebouw-Orchester: »Nicht eine Probe war zuviel, diese Oper ist technisch nicht leichter geworden.«

Bei der Premiere dieses ›Rosenkavalier‹ saßen die Damen des Terzetts der Uraufführung im Zuschauerraum, und Richard Strauss äußerte sich nachher: »Ich muß sagen, daß das jetzige Terzett dem der Uraufführung mindestens ebenbürtig ist.« Die neue Besetzung hieß: Martha Fuchs, die zum erstenmal die Marschallin sang, Maria Cebotari (Sophie) und Tiana Lemnitz (Octavian).

Dann machte ich, als Novität für Dresden, Händels ›Julius Cäsar‹ und später, als erste Uraufführung, ›Der Günstling‹ von Wagner-Régeny. Das war ja nun wirklich ein Werk, das man zur Diskussion stellen konnte, ja sogar mußte. Das Stück, dessen Text Caspar Neher geschrieben hat, ist in einem ganz anderen Stil verfaßt als alle Werke, die damals entstanden – ich möchte sagen: in einem fast modernen Händel-Stil, mit den sparsamsten orchestralen Mitteln und doch von hinreißender Dramatik. Dann kam die Uraufführung der ›Schweigsamen Frau‹ mit Friedrich Plaschke, dem »Unverwüstlichen«, wie Strauss schrieb, und Maria Cebotari in den Hauptrollen, ferner der ›Verlorene Sohn‹ von Robert Heger, ›Massimila Doni‹ von Othmar Schoeck, die Erstaufführung des Balletts ›Jeux des cartes‹ von Strawinsky, dann die ›Wirtin von Pinsk‹ von Richard Mohaupt, eine dramatisch sehr wirksame Oper mit einem ausgezeichneten Text, die damals nur einen Fehler hatte: Die Frau des Komponisten war ›Nichtarierin‹. Nach der vierten Aufführung hatte ich ein Gastspiel in Florenz zu absolvieren, und während meiner Abwesenheit hat der zuständige Reichsstatthalter die weiteren Aufführungen verboten.

Es folgte die Aufführung der mir gewidmeten ›Daphne‹ von

Richard Strauss, schließlich ein Werk des inzwischen sehr bekannt gewordenen Heinrich Sutermeister: ›Romeo und Julia‹, ein Erstlingswerk – und es stimmte diesmal nicht, was Decsey in einer Kritik einmal schrieb: »Erste Opern und junge Hunde ertränkt man«, denn es blieb Sutermeisters bestes Werk; Maria Cebotari sang damals die Julia. Später kam die Uraufführung von Monteverdis ›Orfeo‹ in der Bearbeitung von Orff, zusammen mit Orffs ›Carmina Burana‹. Und dann noch eine letzte, also die neunte Uraufführung während meiner Dresdner Zeit: die ›Zauberinsel‹, ebenfalls von Sutermeister, nach Shakespeares ›Sturm‹, die aber lange nicht die Bedeutung von ›Romeo und Julia‹ hatte, und zwar einfach deswegen, weil Sutermeister durchaus ein publikumswirksames, zugkräftiges Werk schreiben wollte, was man nicht tun soll. Im Hinblick auf den Publikumserfolg zu schreiben, tut nie gut. Er wollte ein Riesen-C-Dur-Finale im Stil von Richard Strauss (Friedenstag) schreiben, und zwar da, wo die Oper eigentlich zu Ende ist – so ein Finale kann sich nur ein Beethoven leisten, der damit eine Steigerung ins Zeitlose, Ewige beabsichtigt, wie es ihm ja auch tatsächlich im ›Fidelio‹ gelungen ist.

Während meiner Dresdner Zeit studierte ich selbst ein: den ganzen Wagner, sowohl szenisch als auch musikalisch, den ganzen »großen« Mozart – fast den ganzen Richard Strauss, fast den ganzen Verdi, und darunter auch eine Oper, die erst heute wieder zu neuen Ehren gekommen ist: ›Macbeth‹.

Und weil ich gerade bei den Sänger-Opern angelangt bin: Ich hatte in Dresden ein internationales, glanzvolles Sänger-Ensemble. Ich nenne hier nur die Namen: Maria Cebotari, Martha Fuchs, die ursprünglich ein Mezzo-Sopran war, dann ins hochdramatische Fach überging und später eine herrliche Brünnhilde und Isolde sang – leider nur für kurze Zeit, was ich ihr sogar prophezeite, weil ihre Stimme eben die Sopranlage auf die Dauer nicht aushielt; aber sie war eine solche Vollblutsängerin, daß sie mir sagte: »Ach Gott, mir sind diese Mezzo-Sopran-Rollen so langweilig, ich muß einfach die Brünnhilde und die Isolde singen, wenn ich das auch nur zehn Jahre tun kann.« – Von Stuttgart habe ich Margarethe Teschemacher geholt: Sie wurde eine vollendete Daphne und war vor allem in den italienischen Sopranpartien unschlagbar. Martha Rohs war da, Elisabeth Höngen und Christel Goltz, die ich später nach Wien mitnahm, dann noch Erna Sack. Im Bariton- und Baß-Fach sangen Josef Herrmann, Mathieu Ahlersmeyer, Kurt Böhme und Sven Nielsen, ein schwedischer Bassist, und Paul Schöffler, dem ich dann zu meiner Freude ebenfalls in Wien wiederbegegnete. Da war Torsten Ralf, ein herrlicher schwedischer Tenor – und last not least Friedrich

Plaschke, den ich schon nannte, der damals, als ich mein Amt antrat, über sechzig war und mit mir den Hans Sachs an die fünfzehnmal sang und diese Partie ohne die geringste Ermüdung bewältigte. Er war mit der berühmten hochdramatischen Sängerin Von der Osten verheiratet, dem Octavian der Uraufführung, die damals noch in der ›Arabella‹ Regie führte, aber selbst nicht mehr auftrat.

In Dresden hatte ich als Operndirektor alle Rechte und Pflichten. Ich mußte mich um die finanziellen Dinge kümmern, hatte aber eine großzügige Generalintendanz, in der neben einem Intendanten vor allem ein ausgezeichneter Verwaltungsdirektor saß. Das war damals der Sohn des berühmten Dirigenten Ernst von Schuch, Dr. Friedrich von Schuch, mit dem ich bis zu seinem Lebensende – er lebte dann als Pensionär in München – in Kontakt blieb. Nach Hamburg, wo mir Sachse sehr viel freie Hand gelassen hatte, war ich also jetzt voll verantwortlich sowohl für den Spielplan wie auch für das Sänger-Personal; und wie ich durch die genannten Namen bewiesen zu haben glaube, habe ich ein wirklich internationales Sängerensemble zusammengestellt. Erleichtert wurde mir diese Aufgabe durch die Tatsache, daß die Sänger zur damaligen Zeit wenig oder fast gar nicht reisen konnten und ihnen, als der Krieg ausbrach, das Reisen bis auf kleine Inlandreisen völlig unmöglich war.

Wie gut dieses Ensemble eingespielt war, hat ein Gesamt-Gast-spiel der Dresdner Staatsoper im November 1936 am Covent Garden in London bewiesen. London kannte – zum Unterschied von heute – überhaupt kein Ensemble-Theater und sah durch unsere Aufführungen zum erstenmal, was man mit einem geschlossenen Ensemble leisten kann. Ich erinnere mich noch ganz genau: Strauss wohnte der Vorstellung in der Proszeniumsloge bei. Ich dirigierte den ›Rosenkavalier‹ mit der Besetzung, die ich vorhin nannte; der Applaus nach dem ersten Akt dauerte über zwanzig Minuten, er füllte den Umbau vom ersten zum zweiten Akt vollkommen aus. Die Londoner stellten sich in langer Schlange für die Karten an, und ich habe es selbst erlebt und gesehen, daß sie eine Nacht und einen Tag lang geduldig warteten, um Karten für eine Vorstellung zu er-gattern. Wir gaben in London: ›Rosenkavalier‹, ›Tristan‹, ›Don Gio-vanni‹, ›Figaro‹; alle diese Opern dirigierte ich selbst, Richard Strauss dirigierte seine ›Ariadne‹.

Dann gab es noch zwei Konzerte in der Queens-Hall, wobei das eine von Richard Strauss dirigiert wurde, das andere von mir. Ich hatte damals den Mut – und dieser Mut wurde dann auch belohnt –, ein ganz unpopuläres Programm zu dirigieren, nämlich die ›Vierte‹ von Bruckner, noch dazu in der Originalfassung, als Schlußstück.

Die Symphonie dauerte in dieser Fassung über eine Stunde, und das Publikum hörte so aufmerksam zu und der Beifall war so frenetisch, daß ich noch das ›Meistersinger‹-Vorspiel zugeben mußte.

Zu Bruckner hatte ich als »Wagnerianer« von Anfang an ein inniges Verhältnis. Ich dirigierte bereits in Darmstadt zahlreiche Symphonien von ihm, aber vor allem hatte ich mich in Dresden, wo sich schon eine Bruckner-Gemeinde und eine Bruckner-Gesellschaft etabliert hatten, fast in jedem Konzert-Zyklus für Bruckner eingesetzt. Von dieser Gesellschaft, deren Mitglied ich wurde, habe ich später die Goldene Ehrenmedaille bekommen.

In London erhielt ich eines meiner ersten Angebote von einer Schallplattenfirma, der Electrola-Gesellschaft, die in England »His Master's Voice« hieß. Für diese Gesellschaft dirigierte ich als Hauptwerke die ›Vierte‹ und die ›Fünfte‹ von Bruckner in den Originalfassungen, die der Wiener Universitätsprofessor Josef Haas gemeinsam mit Else Krüger herausgegeben hatte. Es war natürlich ein Wagnis, gerade Bruckner in der Originalfassung auf Platten aufzunehmen; die damals meistgespielte andere Fassung enthielt ja einschneidende Kürzungen. Eine Symphonie ohne Kürzungen auf die Platte zu bannen, und zwar auf eine alte Platte – Langspielplatten gab es noch nicht –, das hieß, daß man nur vier bis fünf Minuten und etliche Sekunden einspielen konnte und nach diesen Minuten einen Schnitt finden mußte; das war gar nicht so einfach.

Ich habe Bruckner immer und immer wieder aufgeführt, sämtliche Symphonien, und ich bin unbedingt der Meinung, daß man die Originalfassungen spielen muß. Ich habe die Texte, jetzt von Professor Nowak revidiert, auf das genaueste verglichen und festgestellt, daß die letzten Fassungen dem Wunsch und Willen Bruckners entsprechen.

Franz Schalk, der nachmalige Direktor der Wiener Staatsoper, und sein Bruder Josef, die sich um das Bruckner-Werk so verdient gemacht haben, hatten sicher die beste Absicht, als sie für Kürzungen eintraten, denn sie glaubten, damit das Werk Bruckners einem breiteren Publikum näherbringen zu können. Diese Annahme ist aber, wie sich später herausstellte, falsch, denn entweder hat man zu Bruckner eine Beziehung, oder man bekommt sie niemals. Im Gegenteil – ich habe auch bei Wagner bemerkt, daß Meisterwerke durch Striche ihre Struktur und den natürlichen Zusammenhang verlieren; schließlich waren die großen Komponisten ja auch Meister der Form.

Auch in der Instrumentation haben die Brüder Schalk Änderungen vorgenommen und einiges der Wagnerschen Instrumentation

angeglichen, obwohl Bruckner, wenn er auch in manchen Akkord-
verbindungen wagnerähnlich klingt, doch eine andere Form der
Instrumentation bevorzugt; denn Bruckner kommt von der Orgel
her, und so instrumentiert er auch. Ich habe Bruckner aus innerster
Überzeugung, nicht nur als Österreicher, im Ausland immer wieder
zur Diskussion gestellt und dabei die Feststellung gemacht, daß er
dort, wo mir ein Orchester zur Verfügung stand, welches bis zum
letzten Musiker von dem Werk überzeugt war, niemals seine Wirkung verfehlte. Das nämlich ist das eigentliche Problem der Bruck-
ner-Aufführungen im Ausland. Ich habe es kürzlich wieder bei meiner Tournee mit den Wiener Philharmonikern in den Vereinigten
Staaten gesehen: Jeder riet mir ab, mit einem Programm, in welchem
die ›Achte‹ von Bruckner am Anfang stand, in Amerika auf Tournee
zu gehen. Ich aber habe meinen Kopf durchgesetzt und mir eingere-
det: Du mußt mit diesem Werk Erfolg haben, mit einem Orchester
wie den Wiener Philharmonikern, denen es sozusagen schon im
Blute liegt.

Und so war es auch: in New York oder in Raleigh, North
Carolina, wo wir pro Konzert zehn- bis elftausend Zuhörer hatten.
Es fanden dort zwei Konzerte statt, und ich wollte das Programm
wechseln, wurde aber gebeten, an beiden Abenden das gleiche Programm zu spielen, weil ja andere Zuhörer da wären. Wir spielten die
große g-Moll-Symphonie von Mozart und die ›Achte‹ von Bruckner, und ich hatte die Freude, zu sehen, daß niemand den Saal verließ, sondern im Gegenteil das Publikum am Schluß enthusiastisch
applaudierte. Ich bin aber sicher, daß ohne die Vorarbeit meiner
Kollegen, vor allem der Emigranten, die ja einen Großteil der Kul-
turbildung übernommen haben, ein derartiger Erfolg in einer solch
kleinen Stadt wie Raleigh nicht möglich gewesen wäre. In New
York, wo ich die ›Vierte‹ und die ›Siebente‹ von Bruckner gespielt
habe, erlebte ich die Freude, daß mir ein Mitglied der New Yorker
Philharmoniker nach der vierten Aufführung sagte: »Wie schade,
daß es schon zu Ende ist.«

Wie schon einmal gesagt: Die Einstellung des gesamten Orchesters zu einer so einsamen und einzigartigen Erscheinung, wie sie
Bruckner nun einmal darstellt, ist entscheidend; denn wenn wir am
Podium alle überzeugt sind, werden wir unser Publikum auch überzeugen!

## 5. Kapitel

Erste Wiener Direktion · Der Wiener Mozartstil · Der zerrissene Brief ·
Besuch in der Schweiz · Theatersperre · Kriegswirren in Berlin · Die Wiener
Philharmoniker.

Schon im Jahre 1941 fand die erste Fühlungnahme zwischen Wien
und mir statt. Aus glaubhafter Quelle erfuhr ich aber auch, daß sich
der »Allerhöchste Herr« damals meiner Berufung nach Wien wider-
setzte. Dabei mag die Tatsache eine Rolle gespielt haben, daß ich
nicht der Nazi-Partei beigetreten war, wohl auch die ganze Affäre
um die ›Schweigsame Frau‹. Interimistisch hatte Ernst August
Schneider die Oper übernommen, um die sich der damalige Kultur-
referent Walter Thomas sehr bemühte. Thomas setzte, trotz Wider-
stand aus Berlin, meine Berufung durch und bekam auf politischem
Wege meine Freistellung aus meinem immer noch laufenden Dresdner Vertrag. Allerdings hatte ich schon neben meiner Tätigkeit in
Dresden in zunehmendem Maße in Wien dirigiert, sowohl an der
Staatsoper als auch im Konzerthaus, wo ich an der Spitze der Wiener
Symphoniker einen eigenen Konzert-Zyklus leitete.

Als Operndirektor wollte ich in Wien natürlich mein Allerbestes
geben. Ich fand auch ein wirklich gutes Sängerpersonal vor, das ich,
wie schon erwähnt, durch zahlreiche erste Sänger aus meinem
Dresdner Ensemble ergänzte. Doch man schrieb bereits das Jahr
1943 – und ich ahnte nicht, daß mir lediglich ein Jahr als Direktor
beschieden sein würde, da ja im Sommer 1944 die totale Theatersperre verhängt wurde.

Ich begann mit einer Neueinstudierung der ›Meistersinger‹. Dann
veranstaltete ich eine Verdi-Woche. Ich eröffnete sie mit ›Macbeth‹,
mit Elisabeth Höngen als Lady. Über sie schrieb ich in mein Tagebuch: »Die größte Tragödin der Welt!« Schöffler war ein grandioser
Macbeth. Den Macbeth der zweiten Vorstellung sang Hans Hotter.
Außerdem dirigierte ich in dieser Verdi-Woche ›Aïda‹, ›Maskenball‹
und ›Othello‹.

Der ›Maskenball‹ war übrigens damals in Wien neu gemacht worden, mit wunderbaren Bühnenbildern von Caspar Neher und in der
Regie von Oscar Fritz Schuh. Ebenfalls von Neher und Schuh gab
es die unvergeßliche Neuinszenierung des ›Othello‹ mit Lorenz, der
die Titelrolle hinreißend sang und spielte. Er war so begeistert und
hatte sich so in die Rolle eingelebt, daß er sich nicht scheute, vor der

Premiere ins Filmatelier zu Willy Forst zu fahren, um sich von diesem persönlich schminken zu lassen. Maria Reining sang eine wundervolle Desdemona, Ahlersmeyer den Jago.

Zwischendurch dirigierte ich auf Wunsch der Sächsischen Staatskapelle meine letzte Dresdner ›Neunte Symphonie‹, zu Ostern am 17. und 18. April 1943.

In schönster Erinnerung aus der Wiener Zeit bleiben mir die insbesondere vom Ausland als vorbildlich bezeichneten Mozart-Aufführungen im Wiener Redoutensaal. Vor allem erinnere ich mich lebhaft an ›Figaros Hochzeit‹ und ›Così fan tutte‹ in der Inszenierung von Oscar Fritz Schuh mit Bühnenbildern von Caspar Neher. Die Lösungen, die diese beiden Künstler gefunden haben, sind ganz andere als jene, zu denen Rennert heute gelangt ist. Wenn man bei Rennert vielleicht von einem modernen Realismus sprechen könnte, so waren die damaligen Aufführungen stilisiert. Schuh hatte sich bemüht, die Struktur der Musik auch bei den Ensembles szenisch so auf die Bühne zu bringen, wie Mozart sie musikalisch gestaltet hat.

Wir hatten herrliche Sänger zur Verfügung. Es sangen Irmgard Seefried die Fiordiligi, Martha Rohs die Dorabella, Anton Dermota den Fernando, Erich Kunz den Guglielmo, Paul Schöffler in unvergeßlicher Weise den Philosophen Alfonso. Im ›Figaro‹ sangen Schöffler und Kunz alternierend den Grafen.

Eine französische Zeitung schrieb im Jahre 1944 über ›Così fan tutte‹ – und man kann sich denken, daß die Franzosen zu dieser Zeit nicht sehr gut auf uns zu sprechen waren –, diese Aufführung hätte es verdient, für alle Ewigkeit im Tonfilm festgehalten zu werden.

Diese Wiener Aufführungen von ›Figaro‹ und ›Così fan tutte‹ hatten vor allem den Vorzug, daß mir immer dieselbe Besetzung zur Verfügung stand. Lieber sagte ich eine Vorstellung ab, als durch irgendeinen Gast diese musikalisch und szenisch so fest verankerten Aufführungen gefährden zu lassen. Dadurch konnte das Niveau dieser Vorstellungen bis zum Schluß meiner Tätigkeit in Wien gehalten werden.

Ich habe schon erwähnt, daß Bruno Walter den Anstoß zu meiner Mozart-Leidenschaft gegeben hatte. Wenn überhaupt noch eine Steigerung möglich war, so erfuhr ich sie durch Richard Strauss, der mir die letzten Geheimnisse dieses für mich größten musikalischen Genies offenbarte.

Meine letzten Wiener Premieren vor der Theatersperre waren ›Capriccio‹, das ich dann auch in Zürich dirigiert habe, und ›Carmen‹. Schon 1943 war ich eingeladen worden, bei den Juni-Festwochen im Zürcher Stadttheater den ›Tristan‹ zu dirigieren.

Unseren Sohn hatten wir schon früher mit Attesten, die eine gewisse Lungenempfindlichkeit feststellten, ins Lyceum Alpinum nach Zuoz gegeben, wo wir ihn von allen Kriegs- und Nachkriegsereignissen fernhalten konnten. Das war, wie sich später herausstellen sollte, für die Entwicklung meines Sohnes von großer Bedeutung, obwohl es gleichzeitig eine seelische Belastung für uns war, da wir am Ende des Krieges monatelang nichts voneinander wußten. Käthe Dorsch nahm uns nach der Besetzung Wiens in Kammer am Attersee auf, wo auch schon Max Lorenz mit seiner Frau untergekommen war. Wir hatten ein Zimmer über dem Hühnerstall, das nur deshalb nicht angenehm war, weil wir am frühen Morgen immer durch die Hühner geweckt wurden. In Kammer begab sich etwas Merkwürdiges: als ich mit meiner Frau einmal spazierenging, fand ich ein zerrissenes Stück Papier. Ich erkannte sofort die Handschrift meiner Frau – es war das Stück eines Briefes, den sie noch in Wien nach Zuoz aufgegeben hatte – und der lag hier am Attersee im Gras. Ich entdeckte dann noch weitere Papierstücke, und wir konnte beinahe den ganzen Brief zusammensetzen. Wieso der Brief dorthin kam, ein Brief aus Wien an meinen Sohn in der Schweiz, kann ich mir bis heute nicht erklären.

Das Gastspiel mit ›Capriccio‹ am Zürcher Stadttheater bei den Juni-Festwochen 1944 begrüßte ich nicht zuletzt deshalb, weil sich dadurch die Gelegenheit ergab, Schweizer Franken zu verdienen, die ich so notwendig für den Unterhalt unseres Sohnes brauchte. Die Honorare reichten natürlich nicht entfernt dazu aus, unseren Sohn während der Kriegszeit in der Schweiz zu erhalten. Da griffen mir drei Menschen unter die Arme: Wilhelm Backhaus, der inzwischen Schweizer Staatsbürger geworden war und in Lugano lebte, Gustav Hussnigg, der mit mir in die Volksschule gegangen war und es durch Erfindungen zu einem ansehnlichen Vermögen gebracht hatte, und der Strauss-Biograph Dr. Willi Schuh – alle wütende Gegner des Nazi-Regimes. Diese taten sich zusammen und zahlten für unseren Sohn Karlheinz alle notwendigen Beträge bis über das Ende des Krieges hinaus. Sie gingen sogar noch weiter: Als wir am Zürcher Hauptbahnhof voneinander Abschied nahmen – und sie und wir wußten, in welches Inferno wir kommen würden –, erboten sie sich, falls wir hierblieben, auch für unseren Lebensunterhalt aufzukommen, bis ich wieder in der Lage sein würde, zu verdienen. Als ich daraufhin wegen eines Schweizer Aufenthaltes schüchtern in Wien anfragte, erhielt ich die verbrämte Antwort: »Sie haben ja eine alte

Mutter und zwei Brüder in Graz, an die werden wir uns eben halten.« Da wußte ich, daß dann die »Sippenhaftung« in Kraft treten würde, und konnte es mit meinem Gewissen nicht vereinbaren, Mutter und Brüder den Nazis auszuliefern. Es war der 2. August. Bald danach kam die Sperrung der Theater und die Verkündigung des totalen Krieges, die Goebbels ja mit seiner Rede im Sportpalast zu Berlin so »großartig« inszeniert hatte.

Trotzdem tat ich in Wien alles, um mein Personal vor dem Einrücken zum Militär oder zur Rüstungsindustrie zu bewahren. Ich veranstaltete konzertante Aufführungen von Bruchstücken aus Opern. Und da erinnere ich mich eines unvergeßlichen Erlebnisses: Vor dem ersten Konzert fragte ich mich, was wohl das Beste wäre, was man bei einem solchen Talmi-Programm geben könnte. Es müßte doch gelingen, den ersten Akt ›Walküre‹ mit seiner Melodienseligkeit konzertant aufzuführen, dazu den Schluß des dritten Aktes, das Duett Brünnhilde – Wotan mit dem Feuerzauber... Max Lorenz, in seiner Blütezeit, sang den Siegmund, und ich weiß noch, daß ich kaum das Lachen verbeißen konnte, als er das berühmte »Ein Schwert verhieß mir der Vater...« im Frack sang. Da wurde mir auch bewußt, daß diese Szene, beziehungsweise der ganze Akt, so rein vom Theater her empfunden ist, daß eine Loslösung von der Bühne ganz unmöglich wird. Während ich andererseits, als ich drei oder vier Tage später Bruchstücke aus ›Figaro‹ und ›Così fan tutte‹ zur Aufführung brachte, erkannte, daß man mit Mozart auch ohne Szenerie die gleiche Wirkung erzielen kann, denn Mozart bedarf keiner Szene, seine Musik ist zeitlos, ewig gültig, sei es als Theater- oder als Konzertmusik.

Neben den Wiener Philharmonikern habe ich während meiner Wiener Zeit auch immer die Berliner Philharmoniker dirigiert, mit denen ich seit 1934 ständig in Kontakt blieb. Ich entsinne mich eines Konzerts im Jahre 1944, das nicht zu den angenehmsten Erinnerungen meines Lebens gehört. Es gab damals schon pausenlose Bombardements auf Berlin, und die guten Philharmoniker hatten mich im besten Glauben in Potsdam einquartiert. Gerade damals aber fand der erste Angriff mit Reihenbombenabwürfen auf Potsdam statt. In der Nacht – meine Frau hatte mir zum Glück Kerzen mitgegeben – ging plötzlich das Licht aus, und ich mußte in einen Luftschutzkeller, wo es nur Frauen, Kinder und leere Weinflaschen gab. Der Keller war nicht sehr tief und hätte bei einem Treffer kaum als Schutz gedient.

Am nächsten Tag dirigierte ich ein Konzert in einem Kino. Ich hatte ganz leichte Kleidung angezogen in der Meinung, der Raum wäre geheizt. Das Konzert fand am Vormittag statt, denn nachmittags begannen schon die Bombenangriffe. Die Philharmoniker saßen in Mänteln und Hüten da; es war kalt, höchstens null Grad. Ich dirigierte eine Haydn-Symphonie, für die ich sonst immer nur sehr sparsame Gebärden nehme. Bei dieser Aufführung bewegte ich mich mehr als bei meiner Morgengymnastik, nur um warm zu werden. Als alles nichts half, ging ich in mein Zimmer und zog mich in der Pause um. Dann dirigierte ich die ›Siebente‹ von Beethoven mit langen Unterhosen und zwei Pullovern, größtmöglichen Bewegungen, kam aber trotzdem nicht ins Schwitzen. Und dann kam das dicke Ende: Ich wollte noch in der Nacht nach Wien zurück, hatte auch schon den Schlafwagenplatz – da heulten die Sirenen. Der Luftangriff war sehr schwer, das Königliche Schloß brannte, die Staatsoper wurde erneut getroffen, und der Mann an der Sperre sagte: »Sie können heute nicht fahren. Sämtliche Geleise sind zerstört. Es fährt kein Zug mehr.«

So saß ich fest.

Ein hilfsbereiter Mann, Freund eines Philharmonikers und großer Kunstliebhaber, nahm sich meiner an und lud mich ein, die Nacht bei ihm ganz außerhalb Berlins zu verbringen. Wir kamen erst gegen Mitternacht bei ihm zu Hause an und diskutierten dann die schreckliche politische Lage. Am Morgen fuhr ich auf den Flughafen, wo mich ein Militärflugzeug mitnahm, weil ich sagte, daß ich am selben Abend in Wien dirigieren müsse. Es war elend kalt. Man mußte auf einer Eisenstange Platz nehmen, denn Sitzplätze gab es nicht. Da sagte ein Berliner zu mir: »Wollen Sie nicht einen Kognak trinken!« Ich lehnte ab: »Ich vertrage keinen Kognak.« Darauf meinte er: »Was ist Ihnen lieber? Ein solider Rausch? Oder eine solide Lungenentzündung?« Wir haben dann zusammen eine ganze Flasche Kognak getrunken, und ich kam mit mehr als einem bloßen Schwips in Wien an.

Hier gab es die erwähnten konzertanten Aufführungen und Opern-Bandaufnahmen für den Rundfunk. Diese Bänder wurden im Laufe der Kriegshandlungen verlagert und waren dann spurlos verschwunden – doch siehe da, sie kamen später auf amerikanischen Platten wieder zum Vorschein: ›Macbeth‹, ›Othello‹, ›Carmen‹.

Wir spielten mit den Philharmonikern Werkkonzerte bei Siemens-Schuckert und anderen. Für die Philharmonischen Konzerte waren damals Clemens Krauss und Wilhelm Furtwängler die Hauptdirigenten.

Wenn ich heute, da ich zum hundertfünfundzwanzigsten Jubiläum der Wiener Philharmoniker vom Orchester einstimmig zum

Ehrendirigenten – ein Titel, den es bis dahin nicht gab – gewählt wurde, nachdem ich bereits früher die Nicolai-Medaille, den Ehrenring und die Ehrenmitgliedschaft empfangen hatte, auf die Anfänge meiner Bekanntschaft mit dieser Künstlervereinigung zurückblicke, so sind es zuerst einmal die unverlierbaren Eindrücke, die ich von diesem Orchester während meiner anfangs sporadischen, später permanenten Besuche in Wien sowohl im Konzertsaal wie in der Oper empfangen habe.

Schon in meinem Studienjahr 1913/14 hatte ich ja sämtliche Philharmonischen Konzerte gehört, und ich erinnere mich an einen Beethoven-Zyklus, den Weingartner dirigierte, wo wirklich die ganzen Vorzüge dieses Orchesters in Reinkultur vor mir erstanden – dieses Orchesters, das in seiner Homogenität und Vielseitigkeit einfach unübertroffen ist, vor allem wegen seiner auf der ganzen Welt einzigartigen Eigenschaft, gleichzeitig ein großartiges Konzert- wie auch Theaterorchester zu sein. Und nicht nur das: Es ist auch einmalig, daß es ein Orchester ist, das sich selbst verwaltet und diese eigene Verwaltung trotz vieler gegenteiliger Versuche auch während der ganzen Nazi-Zeit und durch alle Kriegswirren in die Nachkriegszeit hinüberretten konnte. Diese eigene Verwaltung bedeutet nämlich, daß sich das Orchester nicht nur selbst regiert, sondern auch selbst seinen Vorstand wählt, in geheimer demokratischer Wahl, und daß nur Dirigenten Philharmonische Konzerte leiten können, die in geheimer Wahl mit Majorität gewählt werden; bei Ehrungen bedarf es der Einstimmigkeit ohne eine einzige Gegenstimme. Das hat den Vorteil, daß dieses Orchester bei seinen Konzerten auf strengste Auswahl der Musiker bedacht ist, während sonst in der Oper – leider Gottes – diese strenge Auswahl nicht immer stattfindet, denn dort unterstehen die Musiker der Direktion.

Das Charakteristische dieses Orchesters ist, wie gesagt, seine vollkommene Homogenität, das heißt: Die Mitglieder sprechen nicht nur äußerlich – es sind fast nur Wiener in diesem Orchester –, sondern auch musikalisch dieselbe Sprache. Erreicht wird dies dadurch, daß die ersten Bläser und die ersten Streicher und so weiter zugleich auch Lehrer an der Akademie sind und der Nachwuchs also schon in der Tradition dieses Orchesters erzogen wird. Man hat oft versucht, beste Solisten aus irgendwelchen anderen Orchestern nach Wien zu engagieren – aber immer ist der Betreffende ein Fremdkörper geblieben. Eine Ausnahme bilden nur die Baßtubisten, die komischerweise in Wien nicht zu »wachsen« scheinen. Vor allem aber die Streicher werden fast immer von den jeweiligen Lehrern für den Orchesterkörper ausgesucht und bei den Probespielen vorgeführt.

In der letzten Zeit kamen – wiederum aus Wien – herrliche junge Holz- und Blechbläser zu den Philharmonikern.

Ich bin oft gefragt worden, was für ein Unterschied zwischen diesem Wiener Orchester und anderen erstklassigen Orchestern bestehe, und ich habe das meist so formuliert: Ich glaube, der Unterschied besteht darin, daß dieses Philharmonische Orchester in inspirierten Momenten, angefeuert von einem Dirigenten, den es mag, zu dem es eine innere Beziehung hat – es kann auch ein sehr guter Dirigent zu einem Orchester keine Beziehung haben –, daß es in solchen Momenten weit über sich hinauswächst und zu einer Demonstration der Musikwiedergabe findet, die einzig in der Welt dasteht. Daß die Wiener Philharmoniker besonders bei Klassikern, denen sie ja in größter Liebe zugetan sind, zu einer derartigen Interpretation fähig sind, habe ich in Wien und auf Reisen selbst erlebt: eine bessere Interpretation von Bruckner, Beethoven und Mozart kann ich mir, auch bei Anlegung strengster Maßstäbe, kaum vorstellen.

Diese Doppelfunktion des Orchesters in Oper und Konzert hat allerdings einen Nachteil: »In der Gewohnheit trägem Geleise«, wo die Musiker meist bei fast jeder Vorstellung wechseln, kann es vorkommen – vor allem bei einem Dirigenten, zu dem sie keine besondere Zuneigung haben oder den sie innerlich ablehnen –, daß ihre Leistung unter ein gewisses Niveau absinkt.

Ein reines Konzertorchester hat es ja gegenüber einem Konzert- *und* Theaterorchester schon deswegen viel leichter, weil es das ganze Jahr nur Konzerte spielt, was bedeutet, daß für jedes Konzert – vor allem weil das Orchester ja von vielen Gastdirigenten dirigiert wird – mindestens zwei bis drei Proben stattfinden. Die amerikanischen Spitzenorchester machen beispielsweise jedesmal drei bis vier Proben, wodurch von vornherein eine gewisse Qualität gewährleistet ist. Auch die Berliner Philharmoniker müssen, wenn sie Beethoven spielen, den sie doch aus dem ff beherrschen, trotzdem dreimal probieren, so daß diese Werke niemals so verschlampt werden können wie eine Repertoire-Oper. Hinzu kommt natürlich noch, daß eine Repertoire-Oper auch bei sehr guter Orchesterbesetzung ihr Niveau verlieren kann, wenn schlechte Sänger auf der Bühne stehen. Und daß nicht immer erstklassige Sänger auf der Bühne stehen, ist leider eine Tatsache, die von der jeweiligen Konjunktur bedingt ist. Wenn das Orchester in diesem Fall mehr oder minder dazu verurteilt ist, eine bedeutungslose Begleitung zu spielen, wird es unwillig und gleichgültig und gerät damit weit unter sein Niveau.

Am 11. Juni 1944 feierte Richard Strauss in Wien seinen achtzigsten Geburtstag. Die Begegnung mit diesem genialen Menschen war für mich von höchster Bedeutung.

Meine anfangs nur »platonische« Freundschaft mit dem großen Komponisten begann in meiner Heimatstadt Graz. Eine seiner Opern, den ›Rosenkavalier‹, erlebte ich noch als Zuhörer im Orchester des Grazer Stadttheaters, an der Seite meines Lehrers Franz Weiß, der damals die zweite Harfe spielte. Bei ›Ariadne auf Naxos‹ war ich Korrepetitor, hatte alle Rollen dieser Oper einzustudieren und übernahm dann auch den Klavierpart im Orchester. Man kann sich denken, wie sehr ich, der ich von den Wagnerschen Klängen herkam, von Richard Strauss gefesselt war; doch muß ich heute ehrlich zugeben, daß trotz der größeren Popularität des ›Rosenkavalier‹ neben der ›Elektra‹ immer die ›Ariadne‹ eine meiner Lieblingsopern war und es bis heute geblieben ist. Ich finde, daß Strauss in dieser Oper etwas ganz Eigenartiges erreicht hat: Mit sechsunddreißig Musikern Kammermusik zu machen und dann trotzdem am Schluß das Orchester wie ein solches von hundert Mann erklingen zu lassen – das konnte nur dieser ganz Große! Und wenn ich heute rückblickend an die so fruchtbaren und interessanten Proben des Buffo-Ensembles, der Najade und Dryade und des Echos denke – all das habe ich mit dem Kapellmeister Oskar Posa, diesem hervorragenden Musiker, harmonisch und thematisch analysiert –, dann kann ich gar nicht sagen, wieviel ich von diesem genauen Werkstudium profitierte.

Es ist bei Strauss genau wie bei Mozart, den Strauss so geliebt hat: Man kann bei ihm keine Note, keine Dynamik verändern, ohne das Gesamtbild aufs schwerste zu beeinträchtigen. Ich weiß, wie sehr Strauss an der ›Ariadne‹ hing, und deshalb dirigierte ich diese Oper auch am Abend seines achtzigsten Geburtstages in der Wiener Staatsoper.

Damals in Graz ahnte ich natürlich noch nicht, daß ich je Gelegenheit haben würde, Richard Strauss persönlich kennenzulernen, und ich hatte schon viele seiner Opern dirigiert, ehe ich in persönlichen Kontakt mit ihm kam.

In München war es gerade die ›Ariadne‹ gewesen, die mir einen ersten großen Publikums- und Presseerfolg eingebracht hatte. Ich mußte, wie es sich für dritte und vierte Kapellmeister gebührt, Opern ohne jede Probe übernehmen, auch binnen vierundzwanzig Stunden einmal einen ›Rosenkavalier‹. Es blieb mir damals wirklich nichts anderes übrig, denn Knappertsbusch war wegen einer Armerkrankung unfähig zu dirigieren, und Robert Heger war nicht anwesend. Zum Glück hatten die Sänger auch den schwierigen dritten Akt sehr gut einstudiert, so daß nichts passierte, und ich war glücklich, dann mein geliebtes Terzett am Schluß der Oper zum ersten Male dirigieren und steigern zu dürfen.

Dieses Terzett hat Richard Strauss seiner Frau, die übrigens von vielen Menschen total verkannt wurde, nach einem Abendessen vorgespielt. Darauf meinte Pauline, von deren Urteil Strauss sehr viel hielt: »Sehr schön, aber viel zu kurz. Das muß länger dauern.« Auf diese Einwände hin brachte er das Terzett in seine heutige Form.

In Darmstadt dirigierte ich die ›Salome‹, in Hamburg die ›Elektra‹ und die ›Arabella‹. Und hier kam ich auch das erstemal brieflich mit dem Meister in Berührung, den ich dann persönlich bei der Feier zu seinem siebzigsten Geburtstag in Dresden kennenlernte. Richard Strauss ist von vielen Menschen verkannt worden. Wenn er einen so mit seinen stahlblauen – fast möchte ich sagen: bauernschlauen Augen anblickte, dann konnte man in ihnen schon seine ganze Größe lesen, die man vor allem dann erkannte, wenn man ihn, wie ich öfters Gelegenheit hatte, Klavier spielen hörte. Sein ›Ständchen‹ habe ich selbst vielleicht hundertmal begleitet und von vielen begleiten hören, nie aber schlugen die Nachtigallen so, wie wenn er am Klavier saß. Er genierte sich gar nicht, manchmal auch andere Schlüsse zu machen; so erinnere ich mich, daß er einmal einfach das Nachspiel zur ›Heimlichen Aufforderung‹ ausließ, als das Publikum nach den letzten Tönen des Tenors zu applaudieren begann.

Faszinierend war er – und das bestätigt auch sein Sohn –, wenn er selbst eine neue Oper am Klavier spielte und mit krächzender Stimme vortrug. Es muß ein ähnliches Phänomen gewesen sein wie bei Richard Wagner, der ja bekanntlich das schrecklichste Sächsisch, nämlich das Leipziger Sächsisch sprach; man stelle sich nur vor, wie er den ›Ring‹ oder die ›Meistersinger‹ in dieser sächsischen Mundart vorgetragen und vorgesungen hat – nebenbei bemerkt war er, im

Gegensatz zu Richard Strauss, ein ganz miserabler Klavierspieler – und trotzdem soll es ein unverlierbares Erlebnis gewesen sein.

Ich besitze ein Bild von Richard Strauss, das ihn zeigt, wie er mir in meinem Zimmer in der Dresdner Oper zum erstenmal die ›Schweigsame Frau‹ vorspielt. Gewisse Stellen habe ich nie mehr so vortragen hören wie bei diesem ganz schmucklosen Klavierspiel des Meisters.

Strauss hat mich und meine Frau – und auch von seiner Frau darf ich das behaupten – sehr gern gehabt. Einmal sagte er: »Warum verkehre ich eigentlich mit Ihnen? Sie spielen ja nicht einmal Skat!« Wir machten oft stundenlange Spaziergänge im Sächsischen Erzgebirge, wo ich ein Wochenendhäuschen hatte. Es war manchmal völlig unmöglich, Strauss in allen Gesprächsthemen zu folgen; man mußte sowohl auf dem Gebiet der Musik als auch der Literatur sehr gut beschlagen sein, um mit ihm Gespräche führen zu können. In der deutschen Literatur war er zu Hause wie kaum ein zweiter Musiker. Ich weiß auch von seinem Sohn und seiner Schwiegertochter, daß er die letzten Wochen seines Lebens in Garmisch nur noch Goethe las; den ›Faust‹ kannte er auswendig. Ebensogut kannte er sich in der russischen Literatur aus, und ich erinnere mich seines Ausspruchs: »Ich versteh' net, was die Leut' immer mit dem russischen Kommunismus haben; der russische Mensch hat sich nicht geändert, man lese bei Dostojewskij nach: er kann maßlos im Guten und maßlos im Bösen sein – jedenfalls ist er unerhört kunstempfänglich.«

Bei den Proben zu Uraufführungen war Richard Strauss der Penibelste (um kein härteres Wort zu brauchen), den man sich vorstellen kann. Er ritt auf jedem Akkord, auf jeder Dynamik herum, so daß ich mich in manchen Proben der ›Schweigsamen Frau‹ zur Wehr setzen mußte. »Aber Böhm«, sagte er, »Sie wissen doch, daß man die Sänger verstehen muß!« Das Libretto war von Stefan Zweig, und er liebte es noch mehr als manche Texte von Hofmannsthal. »Diese Texte muß man alle verstehen!« – Ich darauf: »Herr Doktor, schauen Sie sich die Partitur an! Wie soll die Cebotari da wortmäßig drüberkommen?« Da murmelte er etwas, nahm aber brav die Partitur, ging ins Hotel Bellevue gegenüber der Dresdner Oper, das während der Angriffe leider zerstört wurde, ergriff eine rote Feder, strich Verdoppelungen weg, machte aus einem Mezzoforte ein Piano – und schließlich waren die Stimmen zu verstehen.

Je älter er wurde, desto mehr galt sein Hauptinteresse an einer Opernaufführung – wie auch aus seinem Vorwort zum ›Capriccio‹ hervorgeht – der Forderung: Der Kapellmeister muß so begleiten, daß man den Text der Sänger immer verstehen kann. Nun ist das bei manchen Werken ungemein schwer, wenn nicht unmöglich, etwa bei der ›Elektra‹, von der er selbst sagte: »Ich bin in der ›Elektra‹ bis zur äußersten Grenze gegangen. Von dort gibt es kein Weiterhinaus, nur ein Zurück.« Er kam dann über eine Orchester-Besetzung in der Stärke des Lohengrin-Orchesters auf das Kammerorchester zurück: ›Ariadne‹, ›Capriccio‹.

Strauss hatte bei der Niederschrift einer Oper natürlich eine genaue Vorstellung davon, wie gewisse Stellen zu erklingen haben, und wenn dann die eine oder andere Stelle bei den Proben zu Uraufführungen nicht ganz seiner Vorstellung entsprach, monierte und korrigierte er ununterbrochen, und nichts war ihm recht. Er zeigte sich dabei wirklich nicht von seiner angenehmsten Seite, aber ich nahm das von einer solchen Persönlichkeit gerne in Kauf, weil ich dabei ungeheuer viel lernte. Im Gegensatz dazu war er bei Opern, die bereits aufgeführt worden waren, von einer mir manchmal fast unbegreiflichen Großzügigkeit – um nicht zu sagen: Nachlässigkeit. Und andererseits konnte er sich an diesen Opern freuen wie ein unschuldiger Zuschauer. Ich vergesse nie eine Aufführung der ›Elektra‹ in Dresden. Er saß allein mit meiner Frau in meiner Loge. Bei der Orest-Szene nahm er ihre Hand, ließ sie nicht mehr los und sagte zum Schluß ganz abwesend: »Jetzt habe ich ganz vergessen, daß ich das selbst geschrieben habe.«

Wie man weiß, war Dresden seit jeher der Uraufführungsort und die Stätte der großen Erfolge der Werke von Richard Strauss. Er fand dort einen Kompatrioten von mir, den berühmten Grazer Ernst von Schuch, den ich leider nie gehört habe, der aber ein genialer Orchester-Erzieher gewesen sein muß, sonst hätte Strauss ihm nicht solche hymnisch-anerkennenden Briefe geschrieben. Ernst von Schuch stellte Richard Strauss zu einer Zeit zur Diskussion, als er noch nicht den Namen hatte, den er sich später erringen sollte. Was er für ihn tat, war bahnbrechend, gleichzusetzen mit dem, was Kleiber mit der Berliner Aufführung des ›Wozzeck‹ vollbrachte.

Zuerst wurde ›Feuersnot‹, dann ›Salome‹ aufgeführt. Von der ›Salome‹ erzählten mir alte Mitglieder der Dresdner Staatsoper, daß alle Sänger bei der Klavierprobe erklärten: »Dieses Zeugs ist nicht zu singen, man ruiniert sich nur die Stimme damit...« Schuch machte noch einen Rettungsversuch und setzte eine letzte Klavierprobe in der Dresdner Staatsoper an. Alle waren da, bis auf Herodes. Den sang damals Carl Burrian, ein Tscheche und meiner Erinnerung nach einer der besten Heldentenöre, die es je gegeben hat. Es kam wieder zu der gleichen Auseinandersetzung mit den Sängern: »Wir können das nicht singen ... Wir können das nicht lernen ...« Neben der Salome ist die Partie des Herodes die am schwersten zu erlernende. Plötzlich kam Burrian herein. Schuch, der alle sänger mit Du anredete, außer wenn er böse war, sagte: »Na, Burrian, du kommst zu spät? Und von der Rolle wirst du auch keine Ahnung haben!« Darauf antwortete Burrian: »Ich kann meine Partie auswendig.« Und er sang sie sofort fehlerlos, ohne Klavierauszug. Da schämten sich die anderen Kollegen – das Eis war gebrochen, und weiterer Proben für die Uraufführung stand nichts mehr im Wege.

Ernst von Schuchs Sohn erzählte mir eine bezeichnende Geschichte von der öffentlichen Generalprobe der ›Salome‹ – es fanden nämlich in der Dresdner Hofoper immer Generalproben vor geladenen Gästen statt, wobei die ersten sechs Reihen frei bleiben mußten. Dort in der ersten Reihe saß hinter Schuch – ganz allein – Richard Strauss. Nachdem die Salome von den Soldaten getötet worden und der Vorhang gefallen war, herrschte Todesschweigen im Publikum. Es wurde hell – das Schweigen hielt an. Da stand Strauss auf – lang genug war er ja –, drehte sich um und sagte lächelnd ins Publikum: »Ich weiß net, mir hat's g'fallen!« – Der Bann war gebrochen.

Unter Schuch kam ›Elektra‹ zur Uraufführung, nach ›Elektra‹ 1911 der ›Rosenkavalier‹. Dieser ›Rosenkavalier‹ war ein Erfolg, wie man ihn sich heute überhaupt nicht mehr vorstellen kann. Es wurden in Berlin eigene ›Rosenkavalier-Züge‹ eingeschoben, die nur Leute von Berlin nach Dresden brachten, welche die Karten für die Vorstellung vorweisen konnten; in der Nacht fuhren sie wieder nach Berlin zurück.

Die Vorstellung war hundertneunundneunzigmal gegeben worden, als ich nach Dresden kam, und, wie ich schon erzählte, dirigierte ich die zweihundertste Vorstellung zum siebzigsten Geburtstag von Richard Strauss.

Die Strauss-Pflege wurde in Dresden unter Busch und Reiner mit ›Intermezzo‹ und der ›Ägyptischen Helena‹ fortgesetzt; ›Ariadne‹ und ›Frau ohne Schatten‹ wurden zuerst in Wien aufgeführt. Die erste Fassung der ›Ariadne‹ war von Max Reinhardt in Stuttgart inszeniert worden – im Schauspielhaus, das jetzt wieder damit eröffnet wurde –, während die Neufassung mit dem szenischen Vorspiel – das ich besonders reizvoll finde und liebe, weil Hofmannsthal, wie mir Strauss einmal sagte, in der Figur des Komponisten die rührende Gestalt des jungen Mozart vorschwebte – unter Schalk in der Wiener Staatsoper zur Uraufführung kam.

Ich besitze vier Skizzenbücher von Richard Strauss. Mit einem dieser Skizzenbücher ging er bei jedem Wetter spazieren. Oft gab er seiner Familie, die ihn häufig auf seinen Spaziergängen begleitete, ein bestimmtes Zeichen: Dann mußte sie vorgehen oder zurückbleiben, und er nahm das Heft und notierte. Aus diesen kostbaren Heften schrieb er zu Hause das Particell, das die letzte Vorstufe zur Niederschrift der Partitur bildete, die zugleich die Reinschrift war.

Als wertvollstes Andenken besitze ich ein Skizzenbuch, das einen Teilentwurf zur ›Ariadne auf Naxos‹ enthält; er reicht von der ersten Hälfte des Vorspiels, wo der Musiklehrer sagt: »Ich weiß nicht, wo mir der Kopf steht…« bis zum Schluß mit der wunderbaren Stelle: »Musik ist eine herrliche Kunst«, in der genau richtigen Harmonie, die Singstimme mit richtigem Text und Noten – nicht eine davon ist später geändert worden –, das Ganze gewissermaßen wie ein Klavierauszug. Das Buch war so dick, daß ich dachte, es müsse über das Vorspiel hinausgehen, aber ich hatte mich geirrt, denn zur selben Zeit, als Richard Strauss die Endfassung der ›Ariadne‹ geschrieben hatte, hatte er auch an der ›Frau ohne Schatten‹ gearbeitet. Die gesamte Kaiserin-Szene des dritten Aktes mit der ersten Niederschrift des Violin-Solos ist mit Bleistift in diesem Notizbuch aufgezeichnet.

Strauss erzählte mir immer: »Ich weiß nicht, warum sich die Leut' darüber aufregen, daß ich Skat spiele. Schauen'S, Böhmerl, wenn ich Skat spiele, ist das der einzige Moment in meinem Leben, wo ich nicht arbeite.«

Es ist schwer, mit einem schöpferischen Menschen über den Schöpfungsprozeß selbst zu sprechen. Erstens vollzieht sich dieser Prozeß unter der Oberfläche und entzieht sich dadurch meist der realen Beurteilung durch den Creator selbst, und zweitens verwehrt es ihm eine spirituelle Schamhaftigkeit, darüber zu sprechen und seine Geheimnisse der Welt preiszugeben. Ein einziges Mal erzählte mir Strauss in Garmisch: »Oft habe ich gedacht, du mußt weiterarbeiten, so etwa nach dem Abendessen, und ich habe weitergeschrieben und weitergeschrieben – es war nichts. Dann habe ich mich ins Bett gelegt, ausgezeichnet geschlafen, bin nach dem Frühstück ins Arbeitszimmer gekommen und habe die Lösung gefunden, und alles war klar. Der schöpferische Prozeß ist also während der Nacht weitergegangen.«

Er schrieb die Partitur aus dem Particell mit allen, auch vielen neuen Gegenstimmen mit Tinte in Reinschrift: sehr penibel – er strich nie etwas durch. Hatte er sich geirrt, nahm er ein Federmesser, radierte schön aus, polierte die Stelle mit dem Nagel und schrieb die Note darüber. Aber es gab wenig auszubessern, denn er hat sich kaum geirrt; vor allem bei den transponierenden Instrumenten, wo man sich leicht verschreiben kann, schrieb er, wie unsereiner einen Brief.

Einmal saß er am Schreibtisch, ich hinter ihm. Er schrieb an der ›Daphne‹-Partitur und unterhielt sich mit mir über Mozart-Interpretationen. Daraufhin sagte ich: »Aber, Herr Doktor, Sie können sich doch nicht während der Arbeit mit mir über andere Dinge unterhalten.« – »Reden Sie nur ruhig weiter, lieber Böhm«, antwortete er, »ich kann doppelgeleisig denken.« Man darf dabei nicht vergessen, daß er seinerzeit zusätzlich zu seiner kompositorischen Tätigkeit in Berlin, neben Leo Blech und Karl Muck, im Jahr mehr als hundert Repertoire-Vorstellungen dirigierte und dabei noch (wie mir Muck erzählte) das ›Heldenleben‹ im Kopf konzipierte.

Da muß ich noch eine lustige Geschichte erzählen. Der Berliner Intendant quälte ihn immer, er möge doch endlich eine Meyerbeer-Oper aufführen, und Strauss wollte und wollte nicht. Schließlich sagte er: »Gut, ich werde ›Robert, der Teufel‹ einstudieren« – und dachte sich dabei: ohne Striche, dann dauert er fünf Stunden und wird bald abgesetzt. Es wurde aber wider Erwarten ein Riesenerfolg, so daß er diese Oper zu seinem großen Ärger in einer Saison sehr oft dirigieren mußte.

Zur Uraufführung der ›Schweigsamen Frau‹ in Dresden noch folgendes: Es war ein furchtbar heißer Sommer, und wir mußten die Proben in einer mörderischen Hitze im Probensaal unter dem Dach abhalten. Strauss vertrug die Hitze schlecht, trotzdem war er unermüdlich. Die Cebotari konnte zehn bis fünfzehn Stunden probieren, sie war ein Vorbild an Disziplin. Sie hat sich nie als Primadonna aufgespielt und hat sich ihre Stellung zäh erarbeitet. Sie wurde von Busch entdeckt, sang bei ihm aber außer der Mimi nur kleinere Rollen, weil sie ja erst kurze Zeit beim Theater war. Der alte Plaschke, weit über Sechzig, sang die Riesenpartie des Morosus. Der Regisseur Josef Gielen, sehr jung und hochbegabt, kam vom Schauspielhaus in Dresden. Strauss war über den Fortgang der Proben sehr erfreut und schrieb einen glücklichen Brief nach dem anderen an seine Frau Pauline, mit der Bitte, möglichst bald zu kommen.

Nun muß man wissen, daß Strauss die ›Schweigsame Frau‹ gegen den Willen der damaligen Nazi-Regierung durchsetzte, weil ein »Nicht-Arier«, Stefan Zweig, auf Wunsch von Richard Strauss den Text nach Ben Jonson verfaßt hatte.

Alles ging hervorragend bis zur Hauptprobe. Nach dieser Probe spielte Strauss mit Tino Patiera – dem gefeierten Tenor der Dresdner Staatsoper, einem bildschönen Dalmatiner mit herrlichstem Stimmmaterial, Frauenliebling wie kein zweiter –, Friedrich von Schuch und dem langjährigen Kostümbildner Leonhard Fanto Skat im Hotel Bellevue. Plötzlich – nie sonst hatte Strauss während des Spielens etwas anderes gesprochen als das, was sich auf das Spiel bezog – sagte er zu Schuch: »Ich möchte den Bürstenabzug von den großen Abendplakaten zur ›Schweigsamen Frau‹ sehen.« Schuch war zuerst höchst erstaunt, außerdem hatte er ein schlechtes Gewissen, obwohl er selbst nicht direkt beteiligt war, und gebrauchte Ausflüchte. Da sagte Strauss: »Ich spiele nicht weiter, bevor ich nicht den Bürstenabzug bekommen habe«, ließ ihn sich bringen, und richtig – wie Strauss vermutet hatte, fehlte der Name Stefan Zweig auf dem Plakat.

Strauss warf den Bürstenabzug auf den Boden und sagte: »Wenn der Name Zweig nicht gedruckt wird, reise ich morgen ab.« Er hörte auf, Skat zu spielen, und schrieb unter dem Eindruck dieser Szene – mit der köstlichen Naivität eines großen Genies – einen Brief an den emigrierten Stefan Zweig. Der Brief ist zur Genüge bekannt. Strauss prangert darin die Nazi-Machthaber an, vor allem mit folgendem treffenden Satz: »Für mich gibt es nur zwei Kategorien Menschen: solche, die Talent haben und solche, die keines haben, und für mich existiert das Volk erst in dem Moment, wo es Publikum wird. Ob dasselbe aus Chinesen, Oberbayern, Neuseeländern oder Berlinern besteht, ist mir ganz gleichgültig, wenn die Leute nur den vollen Kassenpreis gezahlt haben ...« Den Brief klebte er selbst zu, trug ihn eigenhändig zum Briefkasten am »Bellevue« und warf ihn ein. Selbstverständlich war dieses Schreiben spätestens um Mitternacht in den Händen der Gestapo.

Am nächsten Tag war der Teufel los. Die ganze Regierung hätte zur Premiere kommen sollen. Jetzt wurden alle verständigt – nur Goebbels war nicht zu erreichen, den erwischte man erst, als er schon auf dem Flug nach Dresden war; also verständigte man ihn auf dem Funkweg, und er kehrte sofort um.

Strauss mußte als Präsident der Reichsmusikkammer abtreten, und die ›Schweigsame Frau‹ wurde nach vier Aufführungen abgesetzt. – Nach der Premiere fand noch die übliche Feier im Hotel statt, an der, als einziger Regierungsvertreter, Herr Hanfstaengl teilnahm, von dem man glaubte, er wäre ein eingefleischter Nazi (er entstammt der bekannten Münchener Kunsthändler-Familie). Bei jener Feier hielt er eine Rede auf die Vorzüge – auch des Textes – der ›Schweigsamen Frau‹, und hieb darin so auf die Regierung los, daß ich nachher zu meiner Frau sagte: »Entweder ist er in acht Tagen in einem KZ oder in der Schweiz.« Eine Weile darauf war er auch in der Schweiz.

Als nächste Strauss-Oper kam 1938 die ›Daphne‹ zur Uraufführung. Eines Tages, knapp vor Weihnachten, schrieb mir Strauss auf einer Photographie, auf der die Skulptur der Daphne von Bernini abgebildet war: »Ich bin schon recht weit mit der ›Daphne‹. Würde es Ihnen eine kleine Freude bereiten, wenn ich sie Ihnen zu Weihnachten widme?« Ich antwortete: »Das ist eine Frage für die erste Klasse.« Dann kam eine Karte aus Taormina: »Habe eben die Partitur zu ›Daphne‹ fertig geschrieben.«

Pauline Strauss gefiel diese Oper ganz besonders. Vor der Uraufführung kam wieder die offizielle Generalprobe mit den sechs freien Reihen. Hinter mir saß nicht Richard Strauss, sondern seine Frau. Und als ich den Taktstock hinlegte – die Verwandlungsmusik liebte Pauline vor allem –, nahm sie meinen Kopf zwischen ihre Hände, gab mir ein Busserl und sagte: »Ein zweites Busserl kriegen'S jetzt nicht, jetzt schwitzen'S mir zuviel.« Ich gab damals die ›Daphne‹ zusammen mit dem ›Friedenstag‹. Das würde ich nie wieder tun, denn die ›Daphne‹ allein ist gewichtig genug und der ›Friedenstag‹ mehr oder minder ein Gelegenheitswerk und Wunschtraum geblieben.

Nach der Aufführung besuchte ich gemeinsam mit Strauss dessen Frau, die der Premiere krankheitshalber fernbleiben mußte. Als Strauss mit mir dann langsam die drei Stockwerke hinunterstieg, sagte er über Pauline: »Glauben Sie mir, die Frau brauchte und brauche ich. Ich habe eigentlich ein lethargisches Temperament, und wenn die Pauline nicht wär', hätte ich das alles nicht geschaffen.«

Dabei erinnere ich mich an eine aufschlußreiche Szene in Garmisch, wo Strauss zu Pauline sagte: »Ich möchte gern ein Fachinger«, und sie antwortete: »Hol dir's!« Als ich den Tisch wegrücken wollte, um aufzustehen, sagte sie: »Nein, Sie werden sitzenbleiben, er soll über die Bank steigen und sich's selber holen!« Und dann, als er draußen war, meinte sie zu mir: »Wissen Sie, die Bewegung tut ihm gut.« Dies nur ein kleines, aber viel erklärendes Erlebnis zu ihrer Rechtfertigung.

Als ich ihn zum letztenmal in seinem Exil im Palace Hotel in Montreux sah, wo ihm sein Blasenleiden schon sehr zu schaffen machte, und Pauline so treu sorgend um ihn war, wie man es sich in diesem Alter nicht schöner vorstellen kann, sagte ich zu meiner Frau: »Wenn einer von beiden einmal stirbt, überlebt der andere nicht lang.« Und so war es dann auch.

An seinem achtzigsten Geburtstag zeigte sich so ganz das innige, fast familiäre Verhältnis, welches das Ehepaar Strauss zu mir und meiner Frau hatte. »Gehen'S, Böhm«, sagte er zu mir, »mir sind diese Ehrungen so fad, kommen Sie wenigstens in die Jacquingasse.«

Und wir sind schon in der Früh zu ihm gekommen und haben alle Gratulationen miterlebt. Dann fuhren wir in den Musikvereinssaal. Meine Loge war gleich linker Hand, wo der Dirigent hereinkommt. Strauss glaubte, sofort aufs Podium gehen zu müssen, doch sagte ich: »Halt, bleiben Sie bitte hier sitzen, wir haben noch eine kleine Überraschung für Sie.« Ich dirigierte das ›Meistersinger‹-Vorspiel und den ›Rosenkavalier‹-Walzer, Strauss ging dann ans Pult, ich hielt eine kleine Geburtstagsrede und überreichte ihm einen Taktstock aus Gold und Elfenbein, der noch dazu mit einem Brillanten geschmückt war. Er nahm ihn – der Taktstock war sehr schwer – und dirigierte damit den ›Till Eulenspiegel‹. Anschließend im Künstlerzimmer schlug er mir mit dem Taktstock leicht auf die Schulter und sagte: »Verflucht schwer ist der, die ›Götterdämmerung‹ möchte ich damit nicht dirigieren. Gebt mir einen anderen Taktstock für die ›Domestica‹.«

An jeder Stelle, wo in dieser Symphonie, die häuslichen Verhältnisse musikalisch schildernd, das Thema von Mann und Frau ertönt, sah er Pauline an, und dort, wo die Oboe d'amore zum erstenmal eintritt und die Geburt des Franz in der Musik ausgedrückt wird, sah er zu »Bubi«, wie er seinen Sohn zeitlebens nannte; dann folgt die Liebesszene zwischen den Ehegatten und der lustige Streit, die wundervolle Doppelfuge. Wien hat danach seinen Richard Strauss stürmisch gefeiert.

Man schrieb den 11. Juni 1944. An diesem Tage gab es keine Bombenangriffe, und so konnte am Abend die Aufführung der ›Ariadne‹, in der Strauss mit seiner ganzen Familie saß, in aller Ruhe stattfinden. Dem ehemaligen sozialdemokratischen Wiener Bürgermeister Karl Seitz hatte ich Logenkarten für diesen Abend zugeschickt. Ich rief ihn auch selbst an und bat ihn, ganz sicher zu kommen. Er fragte: »Glauben Sie wirklich, daß ich politisch Verfemter Ihnen damit keine Unannehmlichkeiten bereite?«, und ich antwortete: »Sie waren der Bürgermeister, der Strauss die Wiener Ehrenbürgerschaft verliehen hat, Sie sind also der Mann, der heute nicht fehlen darf.« Worauf er tatsächlich kam.

Richard Strauss blieb noch kurze Zeit in Wien, hörte sich einige seiner Opern an und kehrte dann endgültig bis zum Ende des Krieges in seine Garmischer Villa zurück.

Nach Bruno Walter, der meine Liebe zu Mozart geweckt hat, war es Richard Strauss, der diese Liebe steigerte und vertiefte. Strauss fühlte sich so sehr mit Mozart verbunden, daß er in einer Weise von ihm sprach, wie ich sie bei dem oft nüchtern wirkenden Strauss sonst niemals erlebt habe. Er sprach von der unendlichen Melodie, deren

Erfinder Mozart gewesen sei. Als Beispiel führte er die zweite Cherubin-Arie aus dem ›Figaro‹ an. Er erzählte mir, daß er vor der genial-unbewußten Überleitungstechnik Mozarts die größte Hochachtung habe, und führte ein Beispiel aus ›Don Giovanni‹ an: »Sie erinnern sich doch an die zwei Adagio-Takte im Finale des ersten Aktes von ›Don Giovanni‹, nachdem Leporello die Masken eingeladen, unmittelbar vor dem so tragischen Maskenterzett: Sehen Sie, lieber Freund, wenn ich diese zwei Takte komponiert hätte, würde ich gerne drei meiner Opern dafür hergeben.« Er meinte damit, wenn ein Genie so groß ist, daß es zur Überleitung vom Ausdruck der höchsten Lebenslust, wie sie das Menuett darstellt, zur tiefsten Tragik des Maskenterzetts nur zweier Streichertakte bedarf, so ist das eine Meisterschaft, die nicht mehr überboten werden kann.

Einmal sagte er mir: »Dieser Mozart ist eigentlich schon ganz fertig auf die Welt gekommen, denn alles, was er anpackte, hat er gekonnt. Er setzte sich ans Cembalo und konnte spielen, er nahm eine Violine in die Hand und konnte geigen, er nahm eine Flöte in den Mund und konnte Flöte blasen – vom Komponieren ganz zu schweigen!«

Ich habe ›Figaro‹, ›Così fan tutte‹ und ›Don Giovanni‹ unter der Leitung von Strauss gehört. Einmal fuhren wir zusammen von Garmisch nach München, wo er ›Così fan tutte‹ dirigierte. Da meinte er zu mir: »Ich habe Ihnen oft erzählt, wie man jederzeit in einem Musikstück das richtige Tempo finden kann. Ich glaube, in meinem Alter« – er war damals an die fünfundsiebzig – »nun doch endlich das richtige Tempo gefunden zu haben. Als ein Kritiker in München bei einer ›Così fan tutte‹-Aufführung meine Tempi bemängelte – eines wäre zu langsam, eines zu schnell gewesen –, schrieb ich an diesen: ›Verehrtester Freund, ich habe soeben Ihre Kritik gelesen und freue mich, daß es einen Menschen gibt, der die genauen Metronom-Anweisungen aus dem Musikantenhimmel direkt von Mozart empfangen hat. Würden Sie nicht so freundlich sein, mir dieselben mitzuteilen?‹«

Strauss machte sich meist nicht viel aus Proben, und so hatte er einmal bei einer Probe ein Musikstück im ›Don Giovanni‹ überschlagen, wo die Münchner bei einem Rezitativ einen Sprung gewohnt waren. Bei der Aufführung erinnerte er sich nicht mehr daran, war auf diesen Sprung nicht gefaßt und spielte auf dem Klavier noch in B-Dur, während der Tenor schon bei einer anderen Tonart angelangt war; der Konzertmeister machte ihm ein Zeichen, und schon war er wieder drinnen – denn er war unschlagbar im Improvisieren.

Einmal war er sehr wütend über ein modernes Musikstück: »Sehen Sie, ob hier die Klarinette andere Noten spielt oder die Oboe die Dynamik ändert, ist vollkommen gleichgültig. Machen Sie das einmal bei Mozart. Bei Mozart können Sie nicht einmal die kleinste Änderung in der Dynamik vornehmen; das merkt gleich jeder Idiot. Er wird zwar nicht genau wissen, warum, aber er wird ein unbehagliches Gefühl haben. Bei Mozart ist das *Zwingende* mit ein Teil seiner Genialität; so und nicht anders muß es sein!«

Strauss war ein ausgezeichneter Bühnenpraktiker, das brauche ich nicht weiter zu betonen, denn wenn man seinen Briefwechsel mit Hofmannsthal gelesen hat, weiß man, wie Strauss bezüglich der Steigerung der Handlung auf die Gestaltung des Textbuches Einfluß genommen hat. So erzählte er mir auch einmal: »Schauen Sie auf die Bühne, Böhmerl, heute sind wieder die Ober-Verdunkler am Werk, nicht die Oberbeleuchter! Da will ich Ihnen ein Erlebnis erzählen: Der Regisseur, den ich am meisten bewunderte, war Max Reinhardt. Ein von ihm inszeniertes Schauspiel begann mit einer Szene mitten in der Nacht. Und was machte er? Um dem Publikum das Wissen darüber zu vermitteln, blieb die Bühne beim Aufgehen des Vorhangs stockdunkel, und dann spielte er in vollem Licht. Sonst ist ja jede physiognomische Änderung eines Schauspielers, jedes Spiel umsonst, wenn es sich in völliger Dunkelheit abwickeln soll.«

Strauss gab sehr viel auf den der Musik adäquaten Text. Und bei dieser Gelegenheit möchte ich auf die einst von den eingefleischten Bayreuthianern an Mozart immer wieder kritisierten Textwiederholungen zu sprechen kommen und nur eines von vielen Gegenargumenten anführen – ein Beispiel, das erhellt, warum Mozart eine Stelle so und so oft wiederholt. Es ist das Liebesduett von Konstanze und Belmonte aus der ›Entführung‹, in dem beide glauben, in der nächsten Minute hingerichtet zu werden, einander gegenseitig noch einmal ihre Liebe beteuern und dann mutig dem Tod ins Auge sehen. Diese sich mehr und mehr ins Forte steigernden Takte des Duetts mit immer gleichem Text müssen eben von den Sängern mit stärkstem Fanatismus gesungen werden, der dann auch seine Wirkung nicht verfehlen wird: »Mit der Geliebten sterben, ist seliges Entzükken...« – Auch in der ›Zauberflöte‹ gibt es eine derartige Stelle, und übrigens auch bei Beethoven im ›Fidelio‹, zweiter Akt Finale, wo die gesteigerte Wirkung daher kommt, daß derselbe Satz dreimal anders betont wird: Rocco: »Nur Euer Kommen«.

Strauss war aber auch ein großer Wagner-Anhänger. Er bezeichnete sich oft selbst als »den letzten Appendix einer großen Zeit«. Vor allem liebte er den ›Lohengrin‹ mit seinem A-Dur-Glanz, und den ›Tristan‹: »Wagner hat mit dem ›Tristan‹ das Tor zu den Neutönern geöffnet, und ich habe dieses Tor weit aufgestoßen in der Elektra-Klytämnestra-Szene, wo ich ja teilweise atonal geworden bin; und einmal habe ich halb wütend, weil sie mich immer als Renegaten verschrien haben, gesagt: ›Schauen Sie sich die Klytämnestra-Szene an, ich habe ja selber mit der Atonalität angefangen!‹«

Während meines Exils in Kammer am Attersee überbrachte mir Anfang Mai 1945 ein Bote das sechs Seiten umfassende, eigenhändig geschriebene künstlerische Testament von Richard Strauss. Ich finde die Anregungen, die Richard Strauss in diesem Vermächtnis gibt, so wertvoll, daß ich sie ungekürzt der Öffentlichkeit zugänglich machen möchte, wie ich es schon früher einmal in einem Buche* getan habe. (Siehe Anhang.)

Richard Strauss hat unter den Nachkriegsverhältnissen seelisch sehr gelitten. Ich weiß das aus zahlreichen Briefen, ich weiß es aber auch durch einen persönlichen Besuch im Palace Hotel in Montreux, bei dem ich den Meister zum letztenmal sah. Er fürchtete, daß sich die deutsche Theaterkultur durch die fast überall zerstörten Opernhäuser niemals wieder erholen würde, und kam sich ausgestoßen und überflüssig vor. Heute kann er sich vom Musikantenhimmel aus lächelnd davon überzeugen, daß sein Pessimismus ungerechtfertigt war.

Sein Sohn erzählte mir, daß er alles versuchte, um seinen Vater, der ja sein ganzes Leben lang gewohnt war, von früh bis nachts zu arbeiten, aus der Lethargie, die ihn befallen hatte, herauszureißen. So verdanken wir Dr. Franz Strauss eigentlich vier der schönsten Strauss-Lieder, nämlich die letzten Orchester-Lieder, die Richard Strauss vertont hat. Franz Strauss gab ihm damals in Montreux drei Texte von Hermann Hesse und einen von Eichendorff, und er setzte sich sofort hin und komponierte sie.

Als er später aus dem Schweizer Exil in die Villa in Garmisch zurückkehrte, erhielt ich eine Photographie von ihm, die mir deutlich zeigte, daß der Lebenswille dieses großen Meisters endgültig gebrochen war. Wie mir sein Sohn und seine Schwiegertochter später erzählten, hat er vierundzwanzig Stunden vor seinem Tod, als er noch einmal aus einer Bewußtlosigkeit erwachte, zu »Bubi« gesagt: »Jetzt kann ich dir sagen, daß alles das, was ich in ›Tod und Verklärung‹ komponiert habe, auf das genaueste stimmt; ich habe das in den letzten Stunden genau so durchlebt.«

---

* Begegnung mit Richard Strauss, herausgegeben und eingeleitet von Franz Eugen Dostal, Verlag Doblinger, Wien–München 1964.

In dieser Tondichtung ist ja das Erlöschen eines Menschen geschildert. Zwischendurch tauchen Jugenderinnerungen auf, große Pläne werden in Angriff genommen, doch immer steht die Todesschranke davor. Schließlich stirbt der Mensch und geht verklärt in das All zurück, aus dem er gekommen ist.

Richard Strauss hat testamentarisch angeordnet, daß bei der Totenfeier der Trauermarsch aus der ›Eroica‹ und das Terzett aus dem ›Rosenkavalier‹ gespielt werden sollten. Ich konnte damals wegen Ausreiseschwierigkeiten nicht an der Feier, die in München stattfand, teilnehmen, weiß aber von Augenzeugen, daß Frau Pauline Strauss bis zum Erklingen des Terzetts, dessen endgültige Form ihr ja zu verdanken ist, Haltung bewahren konnte, dann aber zusammenbrach. Ich wußte, wie innig diese zwei Menschen trotz der Verschiedenheit ihrer Charaktere verbunden waren, und wußte auch, daß der zurückbleibende Teil nicht lange überleben konnte. – Wenige Monate später starb Pauline Strauss.

# 7. Kapitel

Wagner · Wieland Wagner · Dr. Karl Muck · Arbeit in Bayreuth · Die Anfänge der Schallplatten · Das Dresdner Opernhaus als Studio · »short playing« · Der Bayreuther ›Tristan‹ auf Schallplatten · Technik der Plattenaufnahme

Obwohl ich Wagner immer wieder dirigierte, bin ich während meiner Münchner Zeit innerlich doch ziemlich von ihm abgerückt. Das mag aber auch damit zusammenhängen, daß die Nazis ihn so sehr als einen der ihren feierten und man sich daher instinktiv dagegen wehrte – denn es war ja genügend bekannt, daß Hitler für Wagner sehr viel übrig hatte. Die makaberste Travestie dieser musikalischen Vorliebe Hitlers hörte ich von alten Logenschließern der Berliner Oper: Hitler soll während des ›Tristan‹, den er als seine Lieblingsoper bezeichnete, nach dem ersten Akt hinten in der Loge Todesurteile unterzeichnet haben!

Nach dem Krieg fand ich wieder zu Wagner zurück, und ich hatte sogar die Absicht gehabt, schon in meiner ersten Direktionszeit in Wien den ›Ring‹ zu erneuern. Von Knappertsbusch hatte ich viel von Wieland Wagners Maltalenten gehört, und ich schrieb diesem: »Hätten Sie nicht Lust, mir Entwürfe für eine neue ›Ring‹-Inszenierung zu machen?« Darauf kam nach kurzer Zeit ein Brief mit Entwürfen für den ganzen ›Ring‹, schon mit der berühmten »Scheibe« – dazu ein herzliches Begleitschreiben, in dem es hieß, er wolle nicht nur die Entwürfe machen, sondern auch die Regie übernehmen. Leider sind dann Entwürfe und Brief beim Brand der Oper verlorengegangen. Wieland erinnerte sich später sehr wohl daran und bat mich immer wieder, in Bayreuth mit ihm zusammenzuarbeiten. »Ich möchte unbedingt einen ›Tristan‹ in Bayreuth mit Ihnen machen«, erwiderte ich. »Wenn Sie den neu inszenieren, werde ich mich für diese Zeit bestimmt von Salzburg frei machen, wo ich jetzt seit fast dreißig Jahren heimisch bin.«

Denn auch mit Bayreuth war ich seit langem indirekt durch zwei Menschen sehr verbunden: durch meinen Vater und durch Karl Muck, aus seiner Grazer Zeit. Muck, der früher Leiter des Bostoner Symphonieorchesters gewesen war, kam nach seiner Internierung in Amerika während des Ersten Weltkrieges zur Erholung nach Graz und nahm dort für einige Wochen Aufenthalt in einem Sanatorium. Ich studierte damals meinen ersten ›Lohengrin‹ ein, wollte diesen aber mit einem großen Chor dirigieren, während nur ein kleiner, sehr dürftig klingender zur Verfügung stand. So machte ich mir die Mühe – das tut man nur, wenn man ganz jung ist – in siebzig Proben den Grazer Männerchor, den damals mein geliebter Lehrer Franz Weiß betreute, für die Aufführung vorzubereiten. Das Einstudieren ging ja ganz gut, aber das Auswendiglernen, weil für den Chor ungewohnt, war schwer, und das Agieren ging anfangs überhaupt nicht. Wieland Wagner hat den Chor später bewegungslos stehen lassen – so hätte ich es auch leichter gehabt; der damalige Regisseur ließ ihn aber beim Schwanenchor hin und her laufen. Hundertvierzig Männer zählte der Chor, und dazu noch hundert Frauen – das war ein in Graz bis dahin nie gehörtes Chor-Ensemble! Später, nach der ersten Begeisterungswelle, bröckelte es mehr und mehr ab, und als ich Graz verließ, haben die Mitglieder des Männergesangvereins überhaupt nicht mehr mitgesungen.

In der ersten Aufführung saß Dr. Muck, und nach der Vorstellung ließ er mich zu sich kommen und sagte: »Na, Herr Böhm, wenn Sie auch das ›Treulich geführt‹ beinahe wie eine Polka (also zu rasch) dirigiert haben, sind Sie dennoch sehr begabt, und wenn Sie wollen, können Sie mich in Maria Grün besuchen, und ich werde Ihnen für Wagner ein paar authentische Bayreuther Tips geben.«

Zweimal in der Woche fuhr ich mit den Partituren zu ihm, und Muck ist sie, Seite für Seite, mit mir durchgegangen. Ich verdanke ihm sehr viel, denn seine Angaben waren ja wirklich authentisch. Er spielte eine sehr große Rolle in meinem Leben – durch seine Weisheit und die profunden Kenntnisse über Wagner, die er von Cosima Wagner erworben hatte. Er erzählte, daß diese geistvolle Frau, die er gut gekannt und mit der er Gespräche auf höchster Ebene geführt hatte, ihn mit ihrer Intelligenz und ihrer Aktivität später bis ins hohe Alter immer wieder verblüffte. Um zu zeigen, aus welchem Holz diese Frau geschnitzt war, erzählte er mir folgendes: Sie stritten einmal über eine Stelle bei irgendeinem Philosophen und konnten sich bis zwölf Uhr in der Nacht nicht einigen. Dann fuhr Muck in sein Hotel zurück. Noch später in der Nacht wird er durch Steinwürfe an sein Fenster geweckt. Er steht auf, geht zum Fenster. Unten sitzt Cosima Wagner in der Kalesche und ruft ihm zu: »Da habe ich das Buch, kommen Sie herunter, *ich* habe recht!« Er mußte im Pyjama hinuntergehen, wo ihm die damals schon recht alte Dame anhand des Buches bewies, daß sie recht hatte.

Muck sprach mit mir auch über die akustischen Verhältnisse in Bayreuth und sagte mir damals schon: »Man darf sich nicht im ›mystischen Abgrund‹ verlieren. Wenn Sie einmal nach Bayreuth kommen sollten – Sie können mit dem Orchester niemals zu laut sein gegenüber der Bühne, Sie können voll aufdrehen, Sie können nämlich auch einen Sänger mit schwacher Stimme nicht decken; das ist das Wunder von Bayreuth.«

Als junger Mensch habe ich zwei extrem gegensätzliche Dirigenten beobachten können: Bruno Walter und Karl Muck. Wenn ich denke – ich habe von beiden die ›Walküre‹ gehört –, wie verschieden sie das Schwertmotiv brachten! Bruno Walter hat das Schwertmotiv mit weicher Gebärde dirigiert, das Klangergebnis war weniger dramatisch als bei Muck, der wie mit Degenstößen dirigierte – die lyrischen Stellen der ›Meistersinger‹ oder des ›Tristan‹ lagen hingegen Bruno Walter mehr, und er strahlte weit größere Wärme aus als Muck.

1961 machte mir Wieland Wagner das Angebot, den ›Tristan‹ 1962 neu inszeniert mit ihm im Bayreuther Festspielhaus herauszubringen. Ich bestand damals auf einer Besetzung mit Birgit Nilsson als Isolde und Wolfgang Windgassen als Tristan, der ohnehin bei Wieland Wagner die großen Heldenpartien sang. Wieland bemerkte einmal scherzend: »Wenn Windgassen nicht mehr singen kann, muß man am Bayreuther Festspielhaus ein Schild anbringen: ›Heute und die späteren Jahre wegen Tenormangel geschlossen.‹«

Diese Proben zum ›Tristan‹ gehören zu den größten künstlerischen Freuden, die mir in meinem Leben zuteil wurden. Die Zusammenarbeit mit Wieland war in jeder Beziehung harmonisch. Er nahm auf meine Wünsche Rücksicht und hat nicht – wie manche geäußert haben – antimusikalisch inszeniert; im Gegenteil: Bei ihm stand zum Beispiel die Liebesbank im zweiten Akt nicht hinten, sondern ganz vorne; und er tat noch ein übriges: Er hat eine Phallus-ähnliche Rückwand geschaffen, angeregt durch einen Grabstein für Tristan, den er, glaube ich, in Cornwall entdeckt hatte, und diese Rückwand hat die Reflexion des Schalls noch verstärkt und vergrößert. – Die Aufführung war, sowohl vom Szenischen wie vom Musikalischen her, so gelungen, daß ihr Ruf weit über Deutschlands und Europas Grenzen hinausging.

Auch Wieland machte unsere Zusammenarbeit so viel Freude, daß er mich einlud, im folgenden Jahr die ›Meistersinger‹ mit ihm zu machen. Bei diesen ›Meistersingern‹ hat er – gegenüber seiner ersten Inszenierung, die ich nur von Bildern her kenne – eine Drehung um hundertachtzig Grad unternommen. Man sprach bei der ersten Inszenierung von der Festwiese als einem Hörsaal, in dem der Chor saß, also ziemlich bewegungslos blieb, während nur ein Tänzer (Kreutzberg) das bewegende Element bildete. In der neuen ›Meistersinger‹-Aufführung mit mir ließ er seinem ganzen Temperament vollen

Spielraum, jeden Jokus wendete er an – kurz und gut, er tobte sich auf der Festwiese aus.

Zum hundertjährigen Jubiläum der ›Meistersinger‹ wollte Wieland Wagner mit mir 1968 seine dritte Inszenierung machen. Er hatte schon die Modelle dazu, wie es seine Gewohnheit war, und sie hielten etwa die Mitte zwischen der ersten und zweiten Fassung. Durch seinen allzufrühen Tod, den ich wie kaum ein anderer bedauere, scheiterte dieser Plan.

Vorher kam die Einladung, mit ihm den ganzen ›Ring‹ in Bayreuth neu einzustudieren. Ich hatte den ›Ring‹ seit Dresden nicht mehr dirigiert und stellte nebst der Sängerbesetzung die Bedingung, daß man auch zwischen ›Walküre‹ und ›Siegfried‹ einen Tag Pause einschalten solle, weil dies auch im Interesse der Sänger (insbesondere des Wotan und der Brünnhilde) läge. Man akzeptierte meinen Vorschlag und hat diese Einteilung, die sich *sehr* wohltuend für alle erwies, beibehalten.

Ich dirigierte also den ›Ring‹ und bemühte mich, wie auch Wieland Wagner es tat, den ganzen Zyklus auf die rein menschliche Seite, frei von überromantischem Ballast, zu reduzieren, was mir auch gelungen zu sein scheint, denn in einem Interview fragte mich ein bedeutender Münchner Kritiker, wie ich es zustande gebracht hätte, bei ›Rheingold‹ einen ganz neuen Stil zu finden, einen Stil, der bewirke, daß diese Oper einen modernen Menschen nicht mehr langweile. Ich antwortete, daß ich es mir nur so vorstellen könne, daß ich durch meine langjährige Entfernung von Wagner und vom ›Ring‹ und meine intensive Beschäftigung mit Mozart und Bach so etwas wie einen durch Mozart und Bach geläuterten Wagner-Stil gefunden hätte.

Mit Bayreuth ist auch eine meiner liebsten Schallplatten-Erinnerungen verbunden, über die ich später ausführlich berichten werde.

Meine erste Plattenaufnahme liegt weit zurück: Anläßlich eines Konzerts mit der Dresdner Staatskapelle in Berlin, noch in der wunderbaren alten Philharmonie in der Bernburger Straße, wurde mir von der Electrola-Gesellschaft ein Angebot gemacht. Ich sollte am kommenden Vormittag noch in Berlin bleiben, um wenigstens eine Platte zu bespielen. Da weder ich noch die Staatskapelle je eine Platte eingespielt hatten, erklärte ich mich sofort dazu bereit. Natürlich handelte es sich damals um eine Platte von kurzer Spieldauer, das heißt, auf einer Seite durfte das Musikstück höchstens fünf Minuten dauern. Wir nahmen zwei Stücke von Lortzing auf: den Holzschuhtanz aus ›Zar und Zimmermann‹ und die Ballettmusik aus ›Undine‹. Daraufhin bekamen die Staatskapelle und ich das Angebot, auch andere Platten für die Electrola einzuspielen. Ich stimmte mit Freuden zu, bat aber darum, die Aufnahmen in der Dresdner Staatsoper zu machen, die akustisch so hervorragend war. Man hat dann dort eine Spezialeinrichtung installiert, nämlich eine Holzschallwand für die Bläser, die die einzigen waren, die auf der Bühne saßen, während der Orchesterraum, der über eine Hydraulik verfügte, in die Höhe des Parketts hinaufgehoben wurde. Auf dieser Ebene spielten in erster Linie die Streicher. Wir erreichten so klanglich vorzügliche Aufnahmen.

Ich erinnere mich einer lustigen Geschichte von den Aufnahmen der Mozart-Variationen Regers, die ich persönlich sehr liebe und bei denen wir, wie bei allen Platten, immer nur für jede Seite etwa viereinviertel Minuten aufnehmen durften. Nun hatte ich eine Variation sehr oft geprobt und war gezwungen, an einer bestimmten Stelle zu unterbrechen; der Flötist mußte mittendrin aufhören, und ich machte die Herren vorher noch darauf aufmerksam, indem ich sagte: »Ich hebe die Hand in dem Augenblick, wo die Aufnahme zu Ende ist.« Die Aufnahme gelang besonders gut, ich hob meine Hand – der Flötist, der sonst hervorragend war, blies noch zwei Töne. Darauf sagte ich mit meinem schönsten österreichischen »eu«: »Das ist ja scheißlich!« Zwei Minuten später kam der Aufnahmeleiter, lachte und sagte: »Kommen Sie und hören Sie sich das selber an.« Ich hörte nur noch vier Silben – das »lich« war schon abgeschnitten.

Wir nahmen dann noch den ganzen dritten Akt ›Meistersinger‹ auf – ich glaube, es waren fünfzehn oder sechzehn Plattenseiten. Das war schon deshalb sehr unangenehm, weil man die Stimmung immer wieder von neuem entzünden mußte. Hermann Nissen aus München – der erst vor kurzem in Pension gegangen ist – war als Sachs dabei. Diese Aufnahme hat vor allem in Amerika Furore gemacht. Es sangen Margarete Teschemacher die Eva, Torsten Ralf den Stolzing und Elisabeth Höngen die Magdalena. – Viel später hat man diese alten Platten zu einer Langspielplatte zusammengeschweißt, bei der man auf einer Seite zirka fünfundzwanzig Minuten Musik einspielen konnte. Diese Platte wurde noch vor kurzem in Amerika verkauft und von der Presse immer wieder – trotz anderer Gesamtaufnahmen der ›Meistersinger‹ – als die beste Aufnahme des dritten Aktes bezeichnet.

Ich habe in Dresden damals übrigens schon die Pfitzner-Symphonie in C-Dur aufgenommen. Nach dem Kriege traf ich mit der Staatskapelle wieder in Dresden zu Aufnahmen zusammen, die diesmal in einer ziemlich verfallenen Kirche gemacht wurden. Als erstes nahm ich dort mit dem »Strauss-Orchester«, wie die Sächsische

Staatskapelle genannt wurde, das ›Heldenleben‹ auf, dann die ›Alpensymphonie‹, den gesamten ›Rosenkavalier‹ in ungestrichener Fassung, schließlich auch die ›Elektra‹.

Nach einer Übergangsserie für Platten von »His Master's Voice« dirigierte ich für die DECCA, weil bei dieser Firma die Wiener Philharmoniker zur Verfügung standen. Vor etwa zehn Jahren schloß ich einen Vertrag mit der »Deutschen Grammophon-Gesellschaft«, bei der mir als Orchester die Berliner Philharmoniker, dieses herrliche Orchester, zur Verfügung stehen; dort dirigierte ich vom klassischen Repertoire vier oder fünf Beethoven-Symphonien – leider keinen Bruckner –, dann die im Werden begriffene Gesamtaufnahme aller Mozart-Symphonien, die erstmals auch die frühen kleinen Symphonien enthalten wird, basierend auf genauen Studien der neuesten Forschungsergebnisse (es gibt jetzt eine Mozartausgabe, die von der Internationalen Stiftung Mozarteum in Zusammenarbeit mit dem Bärenreiter-Verlag herausgegeben wird).

Folgende Opern haben wir aufgenommen: ›Zauberflöte‹, ›Don Giovanni‹, ›Così fan tutte‹ (His Master's Voice), ›Tristan und Isolde‹ bei den Bayreuther Festspielen, ›Daphne‹ – eine Gesamtaufnahme, die bei einer Vorstellung im Theater an der Wien mit den Wiener Symphonikern mitgeschnitten wurde – schließlich die ›Frau ohne Schatten‹ – eine Gesamtaufnahme, die ich wirklich als historisch bezeichnen möchte. Ich studierte diese Oper bei den Wiener Opernfestwochen neu ein, und der Generalsekretär der Wiener Philharmoniker, Wobisch, regte an, diese frisch studierte und sehr gut sitzende Vorstellung in möglichst kurzer Zeit auf die Platte zu bannen, weil es enorme Kosten verursachen würde, sie im Studio neu aufzunehmen. Wir haben die ganze Oper, in lächerlich wenigen Sitzungen, im Musikvereinssaal wirklich in einer Weise auf die Platte gebracht, die mir heute noch viel Freude bereitet, weil die Philharmoniker ebenso wie die Sänger hervorragende Leistungen vollbrachten. Von Strauss habe ich außerdem noch ›Also sprach Zarathustra‹, das ›Festliche Präludium‹ und die ›Vier letzten Lieder‹ aufgenommen.

Ich hatte mir, als man mich bat, den ›Tristan‹ aufzunehmen, ausbedungen, dies in Bayreuth *live* zu tun. *Live* ist in diesem Falle nicht so wörtlich zu nehmen, wie man es gemeiniglich tut, denn es handelt sich hier um eine spezielle Aufnahmetechnik. Ausgehend von der Tatsache, daß fast jeder Sänger im ›Tristan‹, besonders aber die Sänger der zwei Hauptrollen zwangsläufig im dritten Akt Ermüdungserscheinungen zeigen (mit einer einzigen Ausnahme: Birgit Nilsson – ich habe es noch nicht erlebt, daß diese einzigartige Sängerin stimmlich je müde geworden wäre), hatten wir geplant (die Idee stammt übrigens von meinem Sohn), jeden Akt an einem anderen Tag aufzunehmen. Zuerst einmal wurde der ›Tristan‹ mit dem Bayreuther Festspielorchester und den Sängern gründlich geprobt; dann wurden bei den Aufnahmen jedes einzelnen Aktes ungefähr tausend Personen in das Bayreuther Festspielhaus hineingesetzt, von denen man annehmen konnte, daß sie sich wirklich lautlos verhalten würden. Normalerweise faßt das Festspielhaus etwa zweitausend Menschen, aber die Techniker hatten herausgefunden, daß es für die Akustik irrelevant ist, ob zwei- oder eintausend Personen drinsitzen.

Wir hatten also an drei aufeinanderfolgenden Tagen je einen Akt ›Tristan‹ mit je tausend Personen Publikum, das wir immer zu besonderer Ruhe ermahnten. Nun kann man sich ungefähr vorstellen, wie jeder Sänger schon im ersten Akt, vor allem aber im zweiten beim großen Liebesduett (natürlich ohne Strich, was ich außerhalb von Bayreuth leider selten machen kann) »loslegen« kann, wenn er weiß, er braucht keinen dritten Akt mehr zu singen. Ich habe zu Windgassen damals gesagt: »Mit dieser Aufnahme haben Sie sich für die Nachwelt ein Monument gesetzt.«

Bei diesen Arbeiten haben wir eine interessante Feststellung gemacht: Im zweiten Akt war eine Panne eingetreten, es mußte unterbrochen werden, und da konnte man im Verlauf der Probe beziehungsweise der Aufnahme hören, wie mühsam sich die Stimmung wieder ankurbeln ließ und einstellte.

Wir haben dann zwei Tage Pause gemacht, und es kam die Premiere. Sie wurde mitgeschnitten, die zweite und die dritte Vorstellung ebenfalls. Es war interessant, daß wir beim Vergleich mit unseren während der Proben gemachten Aufnahmen nur wenige Stellen korrigieren mußten – das heißt, nicht eigentlich korrigieren, weil Fehler gemacht wurden, sondern weil der Klang stellenweise besser, der Ausdruck stärker war; die Sänger sind ja nicht immer gleich disponiert. Diese ›Tristan‹-Aufnahme wurde später mit vielen Preisen ausgezeichnet.

Jeder, der mich als Musiker kennt, weiß, wie sehr ich auf genaues Studium und größtmögliche Perfektion bei den Proben achte; aber gerade bei einem Werk wie dem ›Tristan‹, der ein einziges Crescendo vom ersten sehnsüchtigen a–f der Celli bis zum letzten Liebestod-Akkord, erfüllt von ungeheuerster Leidenschaft, sein muß, kann dies alles nur bei einer *Live*-Aufnahme erreicht werden. Denn dieser letzte entscheidende Ausdruck und die große Linie ist bei einer noch so minuziösen »Flickarbeit« im Studio nicht möglich. Das haben als erste die Amerikaner herausbekommen und empfunden, die oft sagten: »Uns ist eine Platte mit der großen Linie und einem Gikser lieber als die fade Perfektion, bei der man die Konserve riecht.«

In diesem Zusammenhang möchte ich noch erwähnen, daß auch im Studio meine Aufnahmetechnik darauf gerichtet ist, möglichst größere Stücke (also zum Beispiel ganze Sätze von Symphonien) in einem aufzunehmen, dann dasselbe Stück mindestens noch einmal einzuspielen, um aus dem Vorhandenen die etwa notwendigen Korrekturen vornehmen zu können. Ich höre danach das betreffende Stück mit dem Aufnahmeleiter ab, sage ihm, was ich klanglich noch nicht gut finde (gewisse Instrumente, vor allem die Pauke und besonders die große Trommel sind wegen ihrer starken Schwingungen sehr gefährlich), wir einigen uns über alles Technische und Musikalische, und dann geht alles seiner Vollendung entgegen.

So gehe ich bei Konzertaufnahmen vor. In der Oper aber sind viel mehr Komponenten zu berücksichtigen, und ich habe mir vertraglich zusichern lassen, daß nicht der einzelne Sänger beim Abhören entscheiden kann, welche seiner Aufnahmen genommen wird, sondern einzig ich selbst. Denn eine ganze Aufnahme kann hervorragend sein und nur ein Ton des Tenors zum Beispiel nicht ganz so, wie der Sänger es sich vorgestellt hat. Kann man diesen Ton ohne Risiko austauschen, wird das selbstverständlich gemacht. Wenn nicht, müßte ich, im Hinblick auf die Qualität des Ganzen, über diesen einen Ton hinweghören, denn nur ich kann von einer höheren Warte aus »sine ira et studio« eine unbestechliche Entscheidung treffen.

## 8. Kapitel

1945 · Brand der Wiener Staatsoper · Flucht in den Westen · Arbeitsverbot · Exil in Graz · Pasetti · Jimmy Hands · Das »siegreiche Blut« · Der Bleistift als Parteiabzeichen

An einem Tag, der vielleicht für einen Zahlenmystiker ein ganz interessantes Datum sein mag, nämlich am 12. 3. 45, fielen die Bomben auf die Innere Stadt von Wien und trafen neben anderen Gebäuden und Häusern auch die Wiener Oper.

Ich lag damals mit einer Gehirnerschütterung zu Hause, die ich bei einem schweren Sturz erlitten hatte; da ich das erbetene »Katastrophenbenzin« für meinen alten DKW nicht erhielt, hatte ich zu Fuß zur Oper gehen müssen, und dabei war ich auf dem blanken Eis ausgeglitten. – Meine Frau, die Einkäufe machte, teilte mir telefonisch mit, es sei Bombenalarm gegeben worden. Ich bat sie daraufhin, im Keller der Wiener Oper Schutz zu suchen, weil ich diesen wegen seiner Tiefe für einen der sichersten der ganzen Innenstadt hielt. Tatsächlich ging an diesem Tag ein wahres Inferno auf die Innenstadt nieder, übrigens bei prachtvollem Wetter – die spätere Ausrede, man habe nicht die Oper, sondern den Nordwestbahnhof treffen wollen, kann wohl nicht so ganz gestimmt haben.

Meine Frau wollte einige Dokumente aus meinem Direktionszimmer holen und wurde dort von den Bomben überrascht. Sie war, zusammen mit einem Feuerwehrmann, der später leicht verletzt wurde, die erste Zeugin der Treffer an der Oper. Der eiserne Bühnenvorhang war zwar vorschriftsmäßig heruntergelassen, aber die erste Bombe – eine reine Explosionsbombe – fiel direkt auf die Bühne und hat mit ihrem ungeheuren Druck den eisernen Vorhang in den Zuschauerraum geworfen. Die nächsten Bomben, die den Zuschauerraum trafen, waren gemischte Explosions- und Brandbomben, so daß im Nu der ganze Zuschauerraum durch Phosphoreinwirkung in Brand gesetzt war.

Meine Frau wurde dann mit verbranntem Mantel in den Keller geschafft. Dies alles erfuhr ich natürlich erst viel später, denn kurz nach ihrem Anruf war auch die Telefonleitung außer Funktion. Als ich dann von Personen, die aus der Innenstadt kamen, hörte, daß die Oper brannte, ging ich trotz meines Zustandes zu Fuß durch ein Verkehrschaos und durch brennende Trümmer zur Oper. Dort stand ich: ich glaube, fünf oder sechs Stunden, bis zum Einbruch der vollkommenen Dunkelheit – der Angriff hatte mittags stattgefunden

– vor dem Gebäude und weinte wie so viele Menschen, Mitbürger Wiens, Menschen, die vielleicht nie in ihrem Leben in der Oper gewesen waren und denen sie als Wahrzeichen trotzdem so viel bedeutete.

Lächerlicherweise bemühte ich mich, wertvolle Möbelstücke aus dem teilweise noch brennenden Haus herauszutragen. Wir stellten sie der Oper gegenüber ein; natürlich waren sie am nächsten Tag gestohlen.

Die Vernichtung der Wiener Oper bedeutete für mich unter anderem auch die Aussichtslosigkeit, weitere Veranstaltungen konzertanter Art in der Oper abzuhalten; ich glaube aber, daß trotzdem – der Tag der Auflösung rückte ja immer näher – von dem Personal niemand mehr zur Rüstungsindustrie kam, höchstens noch zum Volkssturm.

Die Russen rückten immer näher, und ich wollte mit meiner Frau – mein Sohn war ja in der Schweiz – absolut nicht in der Stadt bleiben. Erstens: weil ich überhaupt keine Heldennatur bin und zweitens: weil ich ja hier keinerlei Aufgaben künstlerischer Natur mehr hatte.

Ich floh also mit meiner Frau nach Traun bei Linz, wo ich einen lieben Freund hatte, der uns für vierzehn Tage aufnahm, und dann später, wie schon erwähnt, zu Käthe Dorsch an den Attersee.

Für mich begann damit eine schreckliche Zeit. Ich hatte überhaupt keine Noten bei mir, auch ein Klavier stand mir nicht zur Verfügung...

Dann kamen eines Tages – ich glaube, es war Ende Mai – die Amerikaner. Ich kann mich noch ganz genau erinnern, wie man die Spitzen der Panzer von den umliegenden Bergen mit dem Glas erspähen konnte. Sie kamen und ließen uns ziemlich ungeschoren. – Und eines anderen Tages traf der Bote ein, der mir das Testament von Richard Strauss überbrachte. Das war die erste und einzige Nachricht, die ich von ihm erhielt. Telefonieren konnte man nicht, hinfahren schon gar nicht. Wir waren in der betreffenden Zone sozusagen freiwillige Gefangene. Ich konnte mich nicht einmal mit meiner Familie verständigen, die in Graz, beziehungsweise in Velden am Wörthersee lebte.

Dann bekam Salzburg von den Amerikanern den Auftrag, die Festspiele 1945 durchzuführen. Man trug mir an, die ›Entführung‹ und zwei Konzerte zu dirigieren. Die Philharmoniker konnten selbstverständlich nicht aus Wien heraus, da die Stadt ja eine rein russische Verwaltung hatte. Also spielte damals ein aus dem Mozarteum-Orchester zusammengestelltes Orchester. Ein Bekannter nahm mich im Wagen nach Salzburg mit, wo mir Baron Puuthon mitteilte: »Wir sind doch so alte Freunde – leider Gottes –, ich kenne ja Ihre Gesinnung ... Aber die Russen bestehen darauf ...« Die Russen hatten den Amerikanern erklärt, es sei untragbar, daß ich bei den Festspielen dirigiere. Mittlerweile wurde von den Alliierten auch das Verbot gegen Krauss, Furtwängler, Knappertsbusch, der ja selbst ein Opfer der Nazis war, und gegen Karajan ausgesprochen.

Jetzt fing eine ganz schreckliche Zeit für mich – und wahrscheinlich für alle meine Kollegen – an. Der gute Hans Moser, den ich zufällig in der Kantine in Salzburg traf, hat sich darüber in einem explosiven Ausbruch Luft gemacht; er war nämlich auch während einiger Zeit verboten! Was er, der doch mit einer Jüdin verheiratet war, angestellt hatte, weiß ich nicht. Es war sicher eines der vielen Mißverständnisse der damaligen Zeit. – Er saß mir gegenüber und sagte: »Wenn sie einen nur spielen ließen! Ich verzichte auf ein Honorar, aber spielen muß ich, auf die Bühne muß ich!« So leidenschaftlich war er, wie ich den bescheidenen Künstler noch nie kennengelernt hatte!

Er meinte damit, was ich auch auf mich und meine Kollegen beziehe: daß bei ihm nicht an vorderster Stelle das Geldverdienen steht, sondern der Wunsch, sich mitzuteilen – dieses Geschenk, von irgendwoher erhalten, diese Begabung, die auszubilden, die meisten von uns das Allermöglichste getan haben, um damit den Menschen eine Freude zu machen.

Ich kam mir vor wie ein eingesperrtes Tier, das ruhelos auf und ab geht, weil es die Freiheit vermißt. Wenn ich heute einen Tiger oder Löwen hinter den Gitterstäben auf und ab gehen sehe, kann ich mich rückblickend wirklich mit diesem armen Tier identifizieren. Denn mit dem Talent wurde uns Künstlern doch die Aufgabe zuteil, uns der Menschheit mitzuteilen, und wenn dieses ständige Abreagieren im guten Sinne fehlt, dieses Gebenwollen verhindert wird, dann sind wir in unserem Lebensnerv zutiefst getroffen.

Ich war damals einundfünfzig Jahre alt, gewohnt, seit meinem achtzehnten Lebensjahr den Beruf des Dirigenten auszuüben und mich den Menschen mitzuteilen, dazu ein Leben lang bemüht, mein Bestes zu geben. Und das möchte ich hier betonen: daß ich immer versucht habe, das Beste zu geben, egal wie das Publikum ausgesehen hat; natürlich bin ich einmal besser und einmal schlechter disponiert, aber immer war der Vorsatz da, das Bestmögliche aus mir herauszuholen.

So war ich nun von einem Moment auf den anderen kaltgestellt worden. Als ich später nach Graz kam, durfte ich nicht einmal Stunden geben! Und dazu kamen dann auch noch die finanziellen Sorgen... Durch eine unglückliche Beteiligung an einer Fettfabrik in Dresden, in der ich mein ganzes erspartes Vermögen angelegt hatte – durch die Kriegsereignisse hat mich eine angebliche Überweisung des Geldes nie erreicht –, standen wir mit sage und schreibe fünfzig Mark da. So mußten wir denn – Karlheinz war inzwischen aus der Schweiz zurückgekehrt – von den Stunden leben, die meine Frau gab. Meine Brüder in Graz unterstützten mich selbstverständlich, aber es bleibt hart, in so einem Alter die Selbständigkeit zu verlieren.

Da war ich nun nach Salzburg berufen worden, fuhr dann sehr deprimiert wieder an den Attersee zurück und dachte dabei: Am schönsten wäre es doch, wenn wir in meine Heimatstadt übersiedeln könnten, da die Engländer Graz, beziehungsweise die Steiermark, bis zum Semmering hinauf besetzt hatten. Als das gelungen war, mußten wir nun effektiv neu beginnen. Ich durfte, wie gesagt, nicht unterrichten, ich durfte überhaupt nichts tun. Die Engländer waren zwar sehr liebenswürdig und schanzten mir sogar ein Konzert zu – die ›Fünfte‹ von Bruckner. Wie froh war ich, daß ich wieder ein Orchester in der Hand hatte – das Grazer (wann hatte ich es verlassen?)... Dann kam wieder ein Verbot, denn die Engländer meinten, sie könnten mir nach dem Alliierten-Übereinkommen keine Auftrittserlaubnis erteilen – einzig und allein, weil ich eben zuletzt Direktor der Wiener Staatsoper gewesen war.

Wie ich so dastand mit nur fünfzig Mark, begannen wirklich die Leidensstationen. Es gab damals die sogenannten Entnazifizierungskommissionen, und der US-Offizier Pasetti in Salzburg war beauftragt, meinen und die vielen anderen Fälle in die Hand zu nehmen. Eine gute Tat muß ich ihm hoch anrechnen: Er hat sich darum gekümmert, daß mein Sohn aus der Schweiz zu uns kommen konnte. Karlheinz fuhr mit einem Heimkehrertransport zurück, und da mir die Ankunftszeit des Zuges nicht bekannt war, konnte ich ihn – nach eineinhalb Jahren, in denen wir uns nicht gesehen hatten – nicht einmal abholen. Auch begrüßen konnte ich ihn am selben Abend nicht, weil er nach zwanzigstündiger Bahnfahrt so übermüdet war, daß ich seinen tiefen Schlaf nicht stören wollte. Aber ich vergesse es Pasetti nie, daß er meinen Sohn damals aufgenommen hat.

Pasetti war – so muß man es wohl nennen – ein verhinderter Tenor, der aber trotzdem sogar den Parsifal in Graz gesungen hatte. Es gingen viele Gerüchte um, warum er seinerzeit – er war gebürtiger Südtiroler – nach Amerika emigriert war. Was auch immer es gewesen sein mag, das einzige, was ich ihm übelnehme, war, daß er mir nicht einfach sagte: »Sie bekommen jetzt eineinhalb Jahre Dirigierverbot«, sondern mir von Woche zu Woche Hoffnungen machte – und das ewige Hin und Her machte mich beinahe verrückt. Möglicherweise war das aber nicht seine Schuld, sondern die seiner Behörde.

Eines Tages kam Bruno Walter, mit dem ich in ständiger Korrespondenz geblieben war, nach Wien, stieg aus dem Flugzeug, wurde begrüßt, und seine erste Frage lautete: »Wie geht es meinem Freund Böhm?« Worauf alle auf einen gewissen Körperteil fielen – symbolisch natürlich. Als er hörte, ich hätte Auftrittsverbot, fragte er: »Warum denn?« – »Wir wissen es nicht.« – »Wie lebt er denn?« fragte Walter weiter, »hat er denn so viel Geld erspart?« – »Soviel wir wissen, gibt seine Frau Gesangstunden.« Da verlangte er, daß meine Frau für die Sopranpartie der von ihm geleiteten ›Jahreszeiten‹ verpflichtet werde.

Gegen Ende meines Grazer Exils war ich sehr, sehr befreundet mit dem Musikoffizier der Engländer, Jimmy Hands, der später noch einige Male, wenn er in Graz oder Wien zu Besuch weilte, mit mir zusammenkam. Ein rührender, lieber Mensch, der nicht nur blendend Deutsch sprach, sondern sämtliche Texte der Lieder von Hugo Wolf auswendig kannte – eine beachtliche Leistung! Er empfand sehr mit mir, weil er selbst so hochmusikalisch war. Obwohl das als »top secret« galt, fragte ich ihn eines Tages: »Sag einmal, Jimmy, was liegt eigentlich gegen mich vor, daß ich nicht arbeiten darf?« Und da erfuhr ich endlich den Grund. Es handelte sich um ein Buch von einem gewissen Weinschenk: ›Wenn Künstler plaudern...‹

Und nun erinnerte ich mich: Eines Tages war ein Herr Weinschenk zu mir gekommen und hatte gesagt: »Es gibt so viele alte Künstler, und für sie möchte ich ein Buch schreiben mit ein paar Anekdoten bedeutender Männer.« Da erzählte ich ihm, wie in der vierten oder fünften ›Lohengrin‹-Vorstellung in Graz wirklich wie aufs Stichwort bei der Stelle: »Wer hier im Gotteskampf zu streiten kam für Elsa von Brabant, der trete vor« ein schwarzer Kater aus der Intendantenloge auf die Bühne kam, sich mit ringelndem Schwanz auf den Souffleurkasten setzte und dann wieder abging. Es war der größte Lacherfolg, den ich je erlebt habe. Diese Anekdote erzählte ich ihm, weil ja so etwas nicht alle Tage passiert. Weiter fragte Herr Weinschenk: »Sagen Sie, waren Sie nicht während des Marsches zur Feldherrnhalle in München?« – »Ja, ja, ich hatte gerade zwei Stücke probiert, die später auf die ›kulturbolschewistische Liste‹ gesetzt wurden.« – Und in diesem Zusammenhang sollte ich gesagt haben: »Dort floß während dieser Probe das Blut, das dann später so siegreich wurde.«

Dieser Satz ist so dumm, daß ich ihn ganz sicher nie gesagt habe. Aber da er in diesem Buch stand, hat man mir daraus den Strick gedreht.

Die Engländer wollten mich zwar dirigieren lassen, aber auf Grund des Viermächteabkommens konnten sie allein einen solchen Beschluß nicht fassen.

Meine Frau hat im Hotel Imperial vier- oder fünfmal beim russischen Musikoffizier vorgesprochen, der zu ihr sagte, er besäße ein Bild von mir, auf dem ich ein goldenes Parteiabzeichen trüge. (Ich hatte zur Uraufführung der ›Schweigsamen Frau‹ von Richard Strauss einen goldenen Bleistift bekommen, den ich voller Stolz in der Außentasche trug.) Als meine Frau antwortete: »Mein Mann war nie bei der Partei. Schauen Sie doch genau, das ist ein Bleistift. Nehmen Sie eine Lupe!« mußte er zugeben, daß er sich geirrt hatte. So ging das hin und her.

Nach zwei Jahren kam endlich die Erlaubnis für uns alle – für Furtwängler, Krauss, Knappertsbusch, Karajan und mich. Wir durften wieder dirigieren. Egon Hilbert war damals Leiter der Bundestheaterverwaltung und hat ungeheuer viel für den Wiederaufbau der Wiener Staatsoper getan; man konnte die gefälschten Ausweise gar nicht zählen, die er den Leuten in die Hand gab, damit sie die russische Kontrolle an der Enns-Grenze passieren konnten. Und Hilbert war es auch, der mich sofort einlud, zu dirigieren. Ich wählte den ›Fidelio‹.

## 9. Kapitel

Die Schicksalsoper ›Fidelio‹ · Neapel · Kleines Denkmal für Signor Imbruglia · Mozart in Italien · Der Kater Salome · Buenos Aires · Ein Tenor singt eine Altpartie · Die Volkshymne im Dreivierteltakt · Berlin · Wieland Wagners ›Aïda‹ · Die Augenoperation

›Fidelio‹, diese schönste aller Opern, die sich am Schluß zu einem Oratorium der Menschlichkeit ausweitet … Nur Beethoven konnte es sich leisten – nachdem die Handlung längst entschieden ist, Florestan seine geliebte Leonore wieder hat und Pizarro der Strafe zugeführt wird –, noch ein Ensemble zu gestalten und in einem C-Dur-Jubel zu steigern: Was in jeder anderen Oper eine Herabminderung der Wirkung bedeuten würde, erzeugt bei Beethoven eine ins Jenseitige erhöhende Wirkung.

›Fidelio‹ war die erste Opernpartitur, die ich von meinen Eltern geschenkt bekam. Als Fünfjähriger hörte ich das Werk an der Seite meiner Mutter im alten Franzenstheater in Graz als meine erste Oper. Und im Jahre 1920 hatte ich mit dem ›Fidelio‹ meinen ersten großen Erfolg. Und nun war die erste Oper, die ich nach meiner zweijährigen Verbotszeit dirigieren durfte, ›Fidelio‹ im Theater an der Wien, dem Ausweichquartier der Wiener Staatsoper. Ich wählte diese Oper absichtlich, weil ich mich – so blasphemisch das heute auch klingen mag – mit dem Schicksal des Florestan beziehungsweise seiner Gefangenschaft auf das innigste verbunden fühlte.

So leicht war jedoch dieses Wiedereintreten in die mir so vertraute Kunst des Sichgebens nicht. Bis sieben Uhr abends war es noch ungewiß, ob ich dirigieren würde oder nicht, denn man bereitete mir aus politischen Gründen damals wieder große Schwierigkeiten; das Theater an der Wien lag aber in der französischen Zone, und der französische General machte sich auf Bitten meines Freundes Mautner Markhof erbötig – ich danke ihm heute noch dafür –, mich zu beschützen, da von anderer Seite gewisse Drohungen gegen mich laut geworden waren. So konnte ich, wenn auch zitternden Herzens, diese Aufführung dirigieren und zu einem guten Ende bringen – obgleich ich sagen muß, daß es bestimmt nicht der beste ›Fidelio‹ meines Lebens war.

Ich habe vergessen zu erwähnen, daß ich eines Tages in der Nachkriegszeit, als ich wieder in großer Verzweiflung war, zu meiner Frau gesagt hatte: »Wenn ich je wieder in die Lage kommen sollte, dirigieren zu dürfen, dann werde ich alles tun, um mir eine internationale Karriere aufzubauen, um nicht ein zweites Mal von der Heimat, die mir ein zweijähriges Dirigierverbot auferlegt hat, abhängig zu sein.«

Nun dirigierte ich also verschiedene Vorstellungen im Theater an der Wien, unter anderem eine Neuinszenierung der ›Turandot‹ mit Maria Cebotari in der Titelpartie und Helge Roswaenge als Kalaf. Soweit man damals schon reisen durfte, hatte ich Konzertangebote von überall und unter anderem ein Angebot an das Teatro San Carlo in Neapel, wo ich eine Neuinszenierung des ›Tannhäuser‹ dirigieren sollte.

In Neapel habe ich viele Freunde gefunden, und die meisten sind es bis heute geblieben, obwohl mein letzter Besuch lange zurückliegt. Mein bester Freund Alberto Imbruglia, kam leider auf furchtbare Weise bei einem Autounglück ums Leben. Ich erwähne ihn vor allem deswegen, weil er als Italiener – und ich möchte vorausschicken, daß dies eine ganz große Seltenheit ist – eine außerordentlich tiefe Beziehung zu Mozart hatte. Er war Rechtsanwalt, hat aber wiederholt in die Musik einführende Artikel geschrieben und unter anderem in Neapel das wirklich vortreffliche Kammerorchester gegründet, das später vom Rundfunk übernommen wurde. Ich habe auch einige Konzerte dieses Orchesters dirigiert. Dieser liebe italienische Freund kam über Mozart zu mir; er war ständiger Besucher der Salzburger Festspiele, stand eines Tages wie viele andere vor dem Bühnentürl und sagte in einem Deutsch, dagegen mein mangelhaftes Italienisch geradezu druckreif ist: »Ich bin großer Verehrer von Ihnen, bitte kommen Sie doch einmal nach Neapel.« – Ich habe diesen Mann später in bezug auf Mozart ausgefragt – er kannte alle Klavier- und Violinkonzerte, die im Köchelverzeichnis vermerkt sind, und schlug sofort trällernd und pfeifend jedes Thema an, auch die Themen sämtlicher Symphonien.

Ich erwähne das deshalb so ausführlich, weil ich diesem unvergeßlichen, selbstlosen Freund damit ein Denkmal setzen möchte.

Im allgemeinen haben die Italiener überhaupt keine Beziehung zu Mozart, obwohl er fast alle seine Opern in italienischer Sprache geschrieben hat. Ich habe mich immer wieder nach dem Grund gefragt und bin dabei zu folgender Überlegung gekommen: Sie verwechseln ihn mit Rossini – im ›Barbier von Sevilla‹ kommen ja dieselben Personen vor wie in ›Figaros Hochzeit‹, und diese Kongruenz der Namen verführt die Italiener dazu, Mozart gleich einzustufen wie Rossini. Nichts gegen Rossini! Abgesehen von seiner phantastischen Kochkunst, von der manche Köche noch heute profitieren, muß ich sagen: Es ist zweifellos ein Geniestreich, ein Werk wie den ›Barbier von Sevilla‹ in so kurzer Zeit hinzulegen – aber das Genie Rossini steht auf einer ganz anderen Ebene als das Genie Mozart. Ich glaube, daß dem italienischen Durchschnittshörer dadurch der wirkliche Zugang zu Mozart versperrt ist. Überhaupt habe ich die Erfahrung gemacht, daß von den Romanen nur ein einziges Volk Mozart versteht und wirklich liebt, und das sind die Franzosen.

Ich kam also in Neapel an und wurde mit überschwenglicher Herzlichkeit aufgenommen. Fünf Jahre lang hatte ich Gelegenheit, das neopolitanische Volk kennenzulernen. Es sind die liebsten und besten Menschen, denen ich je begegnet bin. Daran ändert auch nichts, daß, als meine Frau und ich in die Vororte hinausgingen, wo die Ärmsten der Armen wohnen, ein kleiner Bub von drei Jahren meiner Frau, während sie ihm etwas geben wollte, die ganze Geldbörse gezogen hat. Es kann passieren, daß man hundertmal im Tag angelogen wird, aber das beeinträchtigt die Stimmung zwischen uns und den Neapolitanern gar nicht. Sie werden es andererseits nicht übelnehmen, wenn man ihnen auf ihre Tricks und Schliche kommt.

Das Wetter war immer herrlich, der ganze Aufenthalt war herrlich! Ein Ereignis hätte mir jedoch beinahe mein erstes Auftreten verpatzt. Ich hatte den ›Tannhäuser‹ einstudiert; die Dekorationen waren schrecklich. Sie werden nicht, wie in anderen Städten, in der eigenen Werkstätte oder doch zumindest immer im gleichen Atelier produziert, sondern einfach in Rom oder Mailand bestellt. Wie sie aussehen, kann man sich vorstellen. Alles wackelte, sogar die Bäume, denn alles war aus Pappe. Ich dachte: »Was kann man da machen? – Die Hauptsache ist die Musik.« Aber auch da haperte es, so daß ich schließlich dem Sopraintendanten erklärte, wenn die Probe morgen nicht besser sei, könne die Aufführung nicht stattfinden. Er beruhigte mich mit einem Redeschwall: »Es ist bei uns immer so; im letzten Moment ist dann alles gut.« Die Generalprobe war scheußlich, und ich verbot deshalb eine »trasmissione«, eine Übertragung, denn ich wollte die mangelhafte Leistung wenigstens auf das Teatro San Carlo beschränken. Der Sopraintendant versicherte mir: »Keine trasmissione.«

Ich komme ans Pult, und da stehen lauter Mikrophone für eine »trasmissione«. Was sollte ich nun als Erstauftretender im Teatro San Carlo in Neapel – immerhin einem berühmten Theater – machen? Es blieb mir nichts übrig, als meine ›Tannhäuser‹-Ouvertüre zu beginnen.

Es war dort üblich, daß im Orchester auf der einen Seite sämtliche Bläser: die Holzbläser, die Hörner, die Trompeten und Posaunen sitzen und auf der anderen Seite alle Streicher und die Harfen. Ich wurde mit einem für einen Neuling enormen Beifall empfangen, begann die Ouvertüre – und ungefähr im zwölften Takt hörte ich ein Gelächter von der Galerie. »So, schon durchgefallen«, dachte ich – denn ich kenne sie; so liebenswürdig sie sind, sind sie doch mitleidlos wie kleine Kinder. Wenn ein Tenor ein ungestütztes Falsett singt, machen sie ihn während der Vorstellung nach. Ich dachte: »Mir ist es egal«, beugte mich liebevoll zum ersten Cello-Einsatz hinunter – habe aber den Grund des Lachens nicht herausbekommen. Als die Ouvertüre fertig war, applaudierte das Publikum wie besessen und schrie da capo, daß ich dachte, das Theater falle zusammen. Ich dirigierte weiter. Lorenz sang den Tannhäuser, die berühmte Tebaldi zum erstenmal die Elisabeth, und zwar in italienischer Sprache.

Der Akt war aus. Meine Frau kam in mein Zimmer, und ich sagte zu ihr: »Ich dachte beim zwölften Takt, ich sei durchgefallen.« Da erzählte sie mir: »Du konntest es nicht sehen. Es war wieder ein Kater, wie in Graz.« – Ein Kater von geradezu historischer Bedeutung: Die Welitsch hatte die Salome gesungen und in der gleichen Nacht war diese Katze geboren worden; sie erhielt daher den Namen Salome, bekam ein rotes Bändchen um den Hals und daran ein kleines Glöckchen. Diese Salome vertrug alles, nur keine Musik. Dem Teatro San Carlo blieb sie treu und fing die zahlreichen Mäuse, aber wenn sie Musik hörte, blieb sie verschwunden. Sie hatte mir den Lacherfolg gebracht, denn sie sprang von einer Loge aus in den Orchesterraum und ging dann beleidigt ab.

Die Vorstellung war für dortige Verhältnisse ausgezeichnet – einen Vergleich mit dem Staatsopern-Niveau konnte man nicht verlangen. Der Erfolg war geradezu sensationell und brachte mir dadurch in Italien noch die ›Meistersinger‹, den ›Tristan‹ und den ›Parsifal‹ ein.

Später habe ich im San Carlo dann noch die ›Walküre‹ und den bereits erwähnten ›Wozzeck‹ gemacht. Von Mozart führte ich den ›Figaro‹, ›Don Giovanni‹ und ›Così fan tutte‹ auf.

Es folgte die Einladung, die deutsche Stagione im Teatro Colon von Buenos Aires zu übernehmen.

Ich begann dort meine Tätigkeit im Jahre 1950 mit einer Neueinstudierung der ›Walküre‹ und blieb für vier Jahre, also bis einschließlich 1953, der Leiter der deutschen Stagione. Die Arbeit in Buenos Aires war nicht ganz leicht, da das Orchester damals noch nicht sehr homogen war. Auch wurden die Musiker äußerst schlecht bezahlt, so daß sie am Vormittag Privatstunden geben mußten, was sich wiederum nicht gerade günstig auf die zu der unglückseligen Zeit von zwei Uhr nachmittags stattfindenden Proben auswirkte.

In bester Erinnerung ist mir die Erstaufführung der Oper ›Jenufa‹ von Janáček aus dem Jahre 1950. Ich hatte dieses Werk, das ich sehr liebe, hinsichtlich der Dynamik aufs genaueste bearbeitet, da es ja sehr unvollständig bezeichnet ist. Die Besetzung war hervorragend, und die Oper hatte einen solchen Erfolg, daß sie im folgenden Jahr wiederholt werden mußte. 1951 dirigirte ich die Erstaufführung der ›Elektra‹, bei der Christel Goltz zum erstenmal die Titelpartie sang. Neben den Opernabenden dirigierte ich auch einige Konzerte und brachte in derselben Spielzeit das ›Lied von der Erde‹ von Gustav Mahler zur Erstaufführung in Südamerika.

Kurz vor der Wiederholung dieses Konzertes wurde die Sängerin der Altpartie krank und konnte nicht auftreten. Da die Aufführung vollständig ausverkauft war, bat man mich, doch irgend etwas zu versuchen, um diese Wiederholung trotzdem zu ermöglichen. Ich wandte mich daher an Lorenz Fehlenberger, Tenor der Münchner Oper, der die Tenorpartie im ›Lied von der Erde‹ sang und unerhört musikalisch ist, mit der Bitte, ob er nicht bei einigen kleinen Punktierungen in der Lage wäre, auch die Altpartie zu übernehmen. Er tat das auch, und zwar mit großem Erfolg – es war jedenfalls eine Leistung, die ich ziemlich einzigartig nennen möchte. Es ist das einzige Mal in der Musikgeschichte, daß ein Tenor für einen Alt eingesprungen ist, und ich glaube nicht, daß viele Sänger imstande wären, eine solche Partie zusätzlich zu ihrer eigenen zu übernehmen.

Eines traurigen Ereignisses muß ich hier noch gedenken: Am 1. Juni 1952 erhielt ich am Ende einer ›Capriccio‹-Vorstellung im Theater an der Wien die Nachricht vom Tode meiner Mutter. Das Verhältnis zwischen ihr und mir war stets ein ganz besonders inniges gewesen, und ich muß gestehen, daß ich – nervlich müde von der Vorstellung – beinahe zusammengebrochen wäre. Ob ein Zusammenhang mit meiner folgenden Erkrankung besteht, weiß ich nicht, doch bin ich glücklich, daß meine Mutter es nicht mehr erlebte, daß ich mich am 30. Juni 1952 wegen einer Netzhautlösung einer schweren Augenoperation unterziehen mußte. Da diese Augenerkrankung erst sehr spät entdeckt wurde, ist die Operation am linken Auge auch nicht hundertprozentig gelungen, um so mehr, als am achten Tag nach der Operation eine Blutung eintrat.

Trotzdem flog ich Mitte August – und der Flug dauerte damals noch sechzehn bis achtzehn Stunden – mit meiner Frau nach Buenos Aires, um dort eine Neueinstudierung der ›Salome‹ zu dirigieren. Dann studierte ich, getreu dem Versprechen, das ich meinem Freund Alban Berg gegeben hatte, den ›Wozzeck‹ ein.

Kein Mensch außer mir war so recht davon überzeugt, daß dieses

Stück an einem Theater, welches eigentlich auf italienische Opern eingestellt war, Erfolg haben könnte. Es war überhaupt ungewöhnlich, daß die deutsche Stagione die italienische nach und nach überrundete, so daß der Andrang zu den Vorstellungen der deutschen Stagione zuletzt größer war als zu den italienischen Opern. In der Geschichte des Teatro Colon war das bisher nie vorgekommen.

Dieses Theater hat meiner Ansicht nach die beste Akustik der Welt, und zwar sowohl für Opern wie für Konzerte, in denen das Orchester auf der Bühne sitzt. Das Haus wurde meines Wissens um die Jahrhundertwende gebaut, als man noch keine Meßgeräte für die Akustik hatte – und doch gelang den Architekten ein, ich möchte sagen: akustisches Phänomen. Von allen Plätzen im Teatro Colon hört man gleich gut.

Nun zurück zum ›Wozzeck‹. Die Einstudierung war nicht einfach; ich mußte wieder etwa zwanzig oder gar dreißig Orchesterproben machen – die Aufführung aber hat mich dann für alle Mühen entschädigt. Schön während der Proben war das Interesse, besonders von seiten einer Zeitung, so groß, daß deren Kulturredakteur es übernahm, auf Kosten seines Verlegers den Text von Büchner ins Spanische zu übersetzen. Dieser Idealist ließ die Übersetzung bei der Premiere sogar an einen großen Teil des Publikums gratis verteilen, und damit fand auch Büchner, mit dem das südamerikanische Publikum zum erstenmal in Berührung kam, ein ebensolches Echo wie Alban Berg.

Dieser ›Wozzeck‹ mußte dann in der kommenden Spielzeit wegen des großen Erfolges wieder aufgenommen werden. – Neben dem ›Wozzeck‹ dirigierte ich im Konzert Mozarts ›Requiem‹ und die ›Missa solemnis‹ von Beethoven, die nur Fritz Busch in Buenos Aires zweimal dirigiert hatte, mit dem ausgezeichneten Chor des Teatro Colon, der über einen ganz hervorragenden Chormeister, den Italiener Boni verfügte.

Im Jahre 1954 mußte ich leider wegen meines Wiener Engagements die Position am Teatro Colon aufgeben, hatte aber zehn Jahre später, sozusagen als Belohnung für mein Wirken, ein wunderschönes Erlebnis, als ich mit den Wiener Philharmonikern ein Gastspiel gab. Mit einem solchen Spitzenorchester und dazu mit einem zugkräftigen Konzertprogramm Erfolg zu haben, ist bestimmt kein Kunststück; aber die Belohnung kam am *Anfang* des Konzertes, als ich das Podium betrat. Da empfing mich ein Applaus, wie ich ihn während meiner vierjährigen Stagione-Zeit niemals erlebt hatte. Es bewährte sich da wieder einmal das Prinzip und die Erfahrung, die ich als Künstler immer gemacht habe: Es kommt alles wieder zurück! Dieser Applaus, auf Vorschuß sozusagen, war zweifellos der Dank für die Pionierarbeit, die ich an diesem Theater geleistet hatte.

Als wir beim letzten Konzert – es waren im ganzen vier – zwei Zugaben gespielt hatten und das Publikum trotzdem nicht aufhören wollte zu applaudieren, überlegte ich mir beim letzten Hinausgehen blitzartig: »Wie bringe ich das Publikum zum Aufstehen?« – trat ans Pult und sagte in spanischer Sprache: »Jetzt spielen wir Ihnen zum Dank noch die österreichische Nationalhymne«, worauf sich das Publikum schlagartig erhob und mit todernster Miene erwartete, daß nun die neue österreichische Hymne, die ja im Ausland kaum jemand kennt, erklingen würde. Statt dessen hatte ich bereits mit dem Orchester ausgemacht, was wir spielen würden; ich stellte mich mit dem Rücken zum Orchester, damit ich den Gesichtsausdruck der Zuhörer beobachten konnte, gab nach hinten den Einsatz zum Donauwalzer. Als die ersten Klänge im Horn ertönten und das Publikum sie erkannte, entspannten sich die Mienen, selig sanken sie auf ihre Sitze zurück und jubilierten am Schluß dieses unsterblichen Walzers.

In Wien dirigierte ich jährlich fünfzehn bis zwanzig Opernabende, unter anderem auch eine Neueinstudierung des ›Capriccio‹ von Richard Strauss. Außerdem beschäftigte ich mich hier mit einer Bühnenfassung von Händels ›Judas Makkabäus‹, die 1967 von dem Münchener Verlag Edition Modern übernommen wurde und nun der Uraufführung harrt. Mit den Wiener Philharmonikern musizierte ich regelmäßig, denn diese Verbindung riß ja seit dem Jahre 1933 nie mehr ab.

Nach einigen Konzerten in Berlin und anderen deutschen Städten fand meine erste »richtige« Wiederbegegnung mit Deutschland – sieht man von der ›Elektra‹-Vorstellung ab, mit der ich die Deutsche Oper am Rhein in Düsseldorf eröffnete – im Rahmen der Eröffnung der wiedererstandenen Deutschen Oper in Berlin statt. Diese Beziehung hat sich im Laufe der folgenden Jahre so intensiviert, daß ich anläßlich meines siebzigsten Geburtstages zum Ehrenmitglied der Deutschen Oper ernannt und meine Büste im Auftrag des Senats von Berlin angefertigt und im Foyer aufgestellt wurde.

Im Rahmen der Eröffnungsfeierlichkeiten dirigierte ich eine Neuinszenierung der ›Aïda‹. Diese Aufführung war vor allem durch die Inszenierung Wieland Wagners bemerkenswert, der die Oper natürlich ebenso wie diejenigen seines Großvaters völlig entrümpelte. Man kann nun solchen Experimenten – für Wieland Wagner waren es keine Experimente, sondern seine feste künstlerische Überzeugung – ablehnend oder zustimmend gegenüberstehen, eines haben sie auf jeden Fall für sich: Sie rütteln mehr oder minder gleichgültige Menschen wirklich auf, und es entstehen Debatten, um deretwillen sich solche Experimente allein schon lohnen.

Ich selbst bekenne heute, daß ich nicht mit allem, was damals auf der Bühne geschah, restlos einverstanden war; aber wie stark wirkte diese Inszenierung doch im Gegensatz zu einer anderen, neueren, aber dennoch in der Tradition verhafteten ›Aïda‹-Inszenierung, bei der man eindeutig feststellen mußte: So geht es nun wirklich nicht mehr! So empfanden es auch fast alle meine wirklich mit der Kunst vertrauten Freunde.

Die ›Aïda‹-Inszenierung mit Wieland Wagner stellte unsere erste künstlerische Zusammenarbeit dar, die sich später in Bayreuth beim ›Tristan‹, den ›Meistersingern‹ und dem ganzen ›Ring‹ so unendlich fruchtbar auswirken sollte.

Mit dem Ensemble der Deutschen Oper Berlin eröffnete ich anläßlich eines Gastspieles in Japan das Nissei-Theater in Tokio. Auf dem Programm stand ›Fidelio‹.

In den Jahren nach dem Krieg – ich möchte diese Zeit von 1947 bis 1955 meine »Wanderjahre« nennen – habe ich mit Ausnahme Nordamerikas fast die ganze Welt bereist. Über meine besonders beglückende Tätigkeit als künstlerischer Leiter der deutschen Stagione in Buenos Aires habe ich bereits berichtet.

Gleichfalls auf dem amerikanischen Kontinent ereilte mich eine zweite gefährliche Augenerkrankung. Am 16. Dezember 1960 sollte ich ein Richard-Strauss-Konzert mit den New Yorker Philharmonikern dirigieren. Die Generalprobe fand am gleichen Vormittag statt; ich dirigierte die reinen Orchesterstücke ›Don Juan‹ und ›Domestica‹ zwar auswendig, hatte aber schon das Gefühl, mein Sehvermögen sei stark herabgemindert. Dann kam als letztes Stück der Schlußgesang der Gräfin aus ›Capriccio‹, gesungen von Lisa Della Casa. Als ich die Partitur aufschlug, bemerkte ich, daß ich nichts mehr scharf konturiert sehen konnte. Ich sagte das auch nach Schluß der Probe Frau Della Casa, die sofort eine Bekannte mobilisierte, die einen in der Nähe der Carnegie-Hall wohnenden Augenarzt kannte und mich zu ihm führte. Dieser Arzt stellte auf dem mir noch verbliebenen gesunden Auge ein kleines Loch in der Netzhaut fest, fragte mich, wer mich am andern Auge operiert hätte, und rief dann in einem Blitzgespräch Professor Böck in Wien an, der mir riet, sofort für eine Operation nach Wien zu kommen. Ich mußte also dieses Konzert gleichentags absagen – es wurde dann, nolens volens, von zwei *Assistant Conductors* übernommen.

Hier muß ich etwas zum uneingeschränkten Lob der Amerikaner

sagen: Ich glaube nicht, daß irgend jemand in Europa meine Absage so bedingungslos und in so rührender Weise entgegengenommen hätte, wie es die Leitung der New Yorker Philharmonie tat. Ich wollte dieses Konzert eigentlich noch dirigieren; nachdem mir aber der Arzt gesagt hatte, ich würde dann die Netzhaut so weit zerstören, daß ich auf keinen Fall mehr eine Partitur würde lesen können, flog ich noch am selben Abend nach Wien zurück. Dort wartete schon der Wagen des Herrn Professor Böck auf mich, um mich in die Klinik zu bringen.

Es stellte sich zum Glück heraus, daß das Loch in der Netzhaut noch ganz klein war, und Professor Böck versicherte mir, daß die Operation gelingen werde.

Am 18. Dezember wurde ich operiert, bekam nachher die berühmte schwarze Lochbrille und erinnere mich noch genau an den Augenblick zehn Tage später, als Professor Böck mir ankündigte, nun würde er mir die Lochbrille abnehmen. als ich meine Weckuhr, bei der auch das Datum in ganz kleiner Schrift angebracht ist, zitternd vor Erregung in die Hand nahm, konnte ich sogar diese winzigen Ziffern wieder scharf konturiert lesen.

Als Professor Böck mich dann untersuchte, teilte er mir mit, daß ich auf dem rechten Auge meine volle Sehkraft wiedererlangt hätte. An dieser Stelle möchte ich diesem wundervollen Arzt und Menschen danken, daß er es mir ermöglicht hat, meinen so heiß geliebten Beruf weiter auszuüben.

## 10. Kapitel

Zweite Berufung an die Wiener Oper · Das Eröffnungsfestival · Das Pfeifkonzert vor ›Fidelio‹ · Lösung des Vertrags · Deus ex machina: Rudolf Bing

Meine Gastspieltätigkeit machte mich sehr glücklich, vor allem deshalb, weil ich sowohl im Konzertsaal – was ja eine Selbstverständ-
lichkeit ist – aber auch im Theater genügend Proben ansetzen
konnte, um gute Aufführungen hervorzubringen. Ich dachte nicht
im entferntesten daran, wiederum eine fixe Position, außer eventuell
die Leitung eines Orchesters, anzunehmen.

Nun ging es – nachdem der bisherige Direktor Salmhofer selbst
erklärt hatte, er werde nicht als Direktor in die neue Wiener Oper
einziehen – um die Besetzung des Direktorenpostens der Wiener
Staatsoper.

Ich erzählte schon, daß beim Brand der Oper Menschen vor dem
brennenden Haus standen und weinten, die es vielleicht niemals betreten hatten. Der Oper gehört eben die Liebe der gesamten Wiener
Bevölkerung, und daß diese Liebe auch Gefahren in sich birgt, ist
wohl inzwischen allen klar geworden. So wird bei jedem Direkto-
renwechsel auch immer von Reformen geschrieben – wie heißt es
aber schon im ›Palestrina‹: »Sie wollen, sie wollen die Reformen
nicht!« Wenn man nämlich zu reformieren beginnt und zum Beispiel
einen minder guten Sänger nicht wieder engagiert oder ihm einen
kleineren Vertrag gibt, hat man sich bereits dessen ganze Familie und
alle seine Freunde zu Gegnern gemacht, und solche Gegnerschaften
summieren sich recht bald zu einer stattlichen Zahl.

Durch Mittelspersonen wurde mit mir schon lange über die Über-
nahme der Direktion verhandelt. Bei diesen Kontaktversuchen ver-
hielt ich mich immer ablehnend, da ich mich in meiner Reisetätigkeit
außerordentlich wohlfühlte und auch genau wußte, was dieses Amt,
obwohl es ja diesmal durch die Eröffnung des neuen Hauses gewissermaßen vergoldet war, an Intrigen und damit verbundenen unnö-
tigen Belästigungen bringen würde. Aus diesem Grunde hatte ich
meiner Frau sogar versprochen, die Direktion der Wiener Oper
nicht anzunehmen.

Als ich eines Tages von einer Reise zurückkam, wurde ich am
Bahnhof von einem Freund abgeholt, der mir sagte, eben sei der
Ministerrat zusammengetreten, um einen Beschluß über die Besetzung des Operndirektorenpostens zu fassen; ich sollte unbedingt zu
dieser Ministerratssitzung kommen. Das tat ich dann auch – leider.

Bundeskanzler Raab, Minister Kamitz und Unterrichtsminister Kolb waren anwesend. Man fragte mich, ob ich die Direktion der wiedererstandenen Wiener Staatsoper übernehmen wolle, worauf ich erklärte: »Ich habe mir in den letzten sieben Jahren planmäßig eine internationale Karriere aufgebaut, um nicht ein zweites Mal beruflich und existenzmäßig allein von meiner Heimat abhängig zu sein. Diese internationalen Verbindungen möchte ich auf keinen Fall wieder abreißen lassen; das heißt: Es müßten mir jährlich drei Monate zur freien Verfügung stehen. Bei einer zehnmonatigen Spielzeit in Wien würde das bedeuten, daß ich dem Institut sieben Monate zur Verfügung stehen könnte. Während der übrigen drei Monate würde ich meinen Konzert- und Opernverpflichtungen im Ausland nachkommen, jedoch darauf achten, diese Zeit aufs Jahr zu verteilen. Wenn Sie, meine Herren«, schloß ich, »damit einverstanden sind, können wir in Verhandlungen treten.« Man stimmte zu – eine siebenmonatige Präsenzzeit wäre zur Führung des Hauses völlig ausreichend, mein Vorschlag also akzeptabel.

In Einzelverhandlungen kristallisierte sich schließlich ein fünfjähriger Vertrag heraus, den ich 1954 direkt mit der Bundestheaterverwaltung abschloß. Nun ging ich an die Vorbereitungsarbeiten, denn ich hatte die Absicht, das Haus nicht nur mit einer Oper, sondern mit einem ganzen Opernfestival zu eröffnen.

Dieses Opernfestival wurde am 5. November 1955 mit ›Fidelio‹ begonnen. Schon am nächsten Tag folgte ein neuer ›Don Giovanni‹, dann ein ›Rosenkavalier‹, den Knappertsbusch dirigierte, eine neue ›Aïda‹, die musikalisch von Kubelik betreut wurde, ferner eine von mir dirigierte Neuinszenierung des ›Wozzeck‹, die ›Meistersinger‹ unter Fritz Reiner, und last, not least die ›Frau ohne Schatten‹, auch neu inszeniert, die wiederum ich dirigierte. Also wahrlich kein leichtes Programm, das aber in allen Einzelheiten funktionierte und ohne eine einzige Absage planmäßig verlief.

Am Tage der Eröffnung waren während der Aufführung des ›Fidelio‹ rings um die Oper Lautsprecher aufgestellt, so daß, wie seinerzeit bei der Zerstörung der Oper, gewissermaßen die gesamte Wiener Bevölkerung anteilnehmen konnte. Anschließend fand ein Ball der Wiener Philharmoniker statt, und ich erinnere mich noch genau: Als ich aus dem Bühnentürl trat, stand eine Menschenmenge Spalier, und die meisten Männer nahmen, ohne ein Wort zu reden, den Hut vom Kopf, als sie mich erblickten. Diese stumme Demonstration hat mich aufs tiefste berührt.

Äußerst schwierig war es – da ja die Dekorationen des Theaters an der Wien kaum oder doch nur zum geringsten Teil in das größere neue Haus paßten –, ein Repertoire zu bilden, beziehungsweise nach dem einmaligen Opernfest wieder in den normalen Opernalltag zurückzufinden. Das war vor allem auch deshalb so kompliziert, weil ich, um das Opernfestival möglichst glanzvoll zu gestalten, fast alle meine Spitzensänger in Wien haben mußte, um bei eventuellen Absagen sofort mit gleichwertigem Ersatz aufwarten zu können. Nun hatten diese Sänger aber auch anderweitig noch Verpflichtungen – und ich stand nach dem Festival, was die Sänger betrifft, etwas armselig da.

Im Januar 1956 dirigierte ich in Salzburg zum zweithundersten Geburtstag Mozarts ein Mozartfest, in dessen Mittelpunkt eine Neueinstudierung des ›Idomeneo‹ stand, die ich fast ganz in Wien vorbereiten mußte, da ich ja das Orchester nur für einige Tage nach Salzburg berufen konnte. Auch dieses Mozartfest, bei dem ich von der Stelle, an der Mozart geboren wurde, einige Worte über den Rundfunk sprach, verlief bestens und völlig reibungslos.

Nach diesem Opernfest flog ich für etwa vier Wochen nach Chicago. Was sich nun während meiner Abwesenheit in Wien abspielte, habe ich erst viel später erfahren. Jedenfalls wurde ich, als ich zurückkam, bereits am Flughafen von Journalisten mit Fangfragen überfallen, die ich, völlig übermüdet von der langen Flugreise, unnötigerweise so beantwortete, daß man mir daraus nicht nur einen, sondern einige Stricke drehen konnte.

Dann kam eine ›Fidelio‹-Aufführung. Als ich ans Pult kam, um die Reprise dieser Oper zu dirigieren, wurde ich von einem Pfeifkonzert empfangen, das mir heute noch in den Ohren klingt – es war das einzige meines Lebens. Da machte ich wieder einen entscheidenden Fehler: Anstatt sofort mit der Ouvertüre zu beginnen, wartete ich dummerweise mit dem Beginn, weil ich die Beethovensche Musik einfach nicht schänden lassen wollte, saß völlig gebrochen an meinem Pult und wartete auf das Ende der Demonstration.

Es kamen weitere bittere Erfahrungen, die ich aber heute Gott sei Dank überwunden habe – was ich leider von dem Skandal bei der ›Fidelio‹-Aufführung nicht behaupten kann. So bombastisch es klingen mag: Dieses Erlebnis werde ich bis zu meinem Tode nicht nur nicht vergessen, sondern auch nicht überwinden können. Zwar wurde nach der großen Leonoren-Ouvertüre vor dem Schlußbild dann begeistert applaudiert – die Philharmoniker spielten und spielen dieses Stück unvergleichlich –, doch ich drehte mich nicht um und ging am Schluß der Vorstellung auch nicht vor den Vorhang.

Natürlich waren die Demonstrationen bei dieser ›Fidelio‹-Aufführung planmäßig organisiert worden. Ich habe es später erfahren, daß eine Versammlung von Stehparterre- und Stehgalerie-Besuchern stattgefunden hat, bei der Pfeiferln und Geld für die entsprechenden Stehplatzkarten verteilt wurden. Wenn ich daran denke, daß man mir zu Ehren nach der Publizierung meiner Ernennung zum Operndirektor vom Theater an der Wien bis zum Schwarzenbergplatz einen Fackelzug veranstaltete – auch dies waren Galerie- und Stehplatzbesucher! Und nun mußte ich es erleben, daß man mich nach der ›Fidelio‹-Aufführung am Bühnentürl buchstäblich anspuckte!

Ich möchte hier betonen, daß die Wiener Philharmoniker während meiner Dirigenten- und meiner Direktionszeit sowie vorher, nachher und bis heute stets zu mir gehalten haben – was ich vom künstlerischen Personal leider nicht in allen Fällen behaupten kann. Ich mußte erkennen, daß gerade jene Sängerinnen und Sänger, denen ich immer geholfen, deren Karriere ich geradezu aufgebaut hatte und die mir wunderbare Verträge zu verdanken hatten, an der Intrige fleißig mitschürten. Auch hatte man hinter meinem Rücken bereits ausgiebig mit meinem Nachfolger verhandelt. Ich möchte es mir und dem Leser ersparen, all die Argumente aufzuzählen, die meine Disqualifikation als Operndirektor begründen sollten – immerhin hatte ich seit 1927 die ersten Bühnen als Opern- und Generalmusikdirektor geleitet.

Natürlich zog ich nach dieser ›Fidelio‹-Demonstration die Konsequenzen und bat um Entlassung aus meinem Vertrag, was, wie ich heute rückschauend feststellen muß, auch rein pekuniär ein großer Unsinn war, denn mein Vertrag war für fünf Jahre abgeschlossen, und ich hatte in keiner Weise dagegen verstoßen, sondern im Gegenteil nur die Hälfte des Urlaubs genommen, der mir eigentlich zustand. Ich hätte also noch begründeten Anspruch auf vier Jahre Amtszeit gehabt.

Es kam zu einer Pressekonferenz, bei der die Stimmung der meisten Journalisten durchaus versöhnlich war und das Bedauern über die Situation deutlich zum Ausdruck kam. Von einem wohlgesinnten Pressevertreter wurde ich aufgefordert, mir doch die Angelegenheit nochmals gründlich zu überlegen und mit dem damaligen Chef der Bundestheaterverwaltung eine Aussprache herbeizuführen. Diese Aussprache wurde mir jedoch mit dem Argument verweigert, daß es nichts mehr zu besprechen gäbe. Mein Entlassung war also bereits beschlossene Sache, und über die Person meines Nachfolgers war man sich schon völlig im klaren.

Meine Frau bekam von den Aufregungen einen Herzinfarkt, und was wir beide in dieser Zeit seelisch durchgemacht haben, kann sich jeder denken, der weiß, mit welcher Liebe ich seit meiner frühesten

Jugend an der Wiener Staatsoper und ihrem Orchester gehangen habe. Mein einziger Trost war, daß ich mir sagen konnte: Dein Schicksal ist kein Einzelschicksal, selbst ein Gustav Mahler hat dasselbe erleiden müssen; ich muß mich eben zusammennehmen und das Ganze auf dem Weg über die Musik zu überwinden versuchen.

Wie ein Deus ex machina kam in dieses Dunkel hinein ein Angebot von Rudolf Bing, im folgenden Jahr an der Metropolitan zu dirigieren. Jedermann kann sich vorstellen, wieviel das für mich damals bedeutete, nicht nur im Hinblick auf mein Prestige, sondern vor allem im Hinblick auf mein gestörtes künstlerisches Selbstvertrauen. Ich habe und werde das Rudolf Bing nie vergessen und habe ihm meine Dankbarkeit in einer nunmehr zehnjährigen wunderschönen Zusammenarbeit an der Metropolitan Opera bewiesen.

Eben jetzt wurde ich von der Metropolitan Opera eingeladen, eine Neueinstudierung und Neuinszenierung meiner »Schicksalsoper« im Jahre 1970 zum zweihundertsten Geburtstag Beethovens zu leiten. So schließt sich für mich der Kreis um ›Fidelio‹, mit dem ich 1920 zur Feier des hundertfünfzigsten Geburtstages seines Schöpfers meinen ersten durchschlagenden Erfolg hatte.

*1 : Wie dieses Buch entstand: Karl Böhm erzählt Hans Weigel in seiner Wiener Wohnung in Grinzing aus seinem Leben. ( Foto: Barbara Pflaum, Wien)*

*2: Karl Böhm bei den Proben zu › Ariadne auf Naxos‹ mit dem Orchester der Metropolitan Opera New York, 1963. ( Foto: Eugene Cook, New York)*

*3: Karl Böhm mit Günther Rennert vor dem Salzburger Festspielhaus. ( Photo Ellinger, Salzburg)*

4: Mit Bruno Walter im Dirigentenzimmer des Alten Festspielhauses Salzburg in der Pause einer Aufführung von ›Figaros Hochzeit‹.

5: Maria Cebotari, Richard Strauss und Karl Böhm bei der Hauptprobe zur ›Schweigsamen Frau‹ am 19. Juni 1935 in Dresden. (Presse-Foto-Koch, Dresden)

6: Karl Böhm bei der Schallplattenaufnahme des ›Don Giovanni‹. Im Hintergrund von links nach rechts: Birgit Nilsson, Walter Taussig, Martina Arroyo, Guenter Hermanns, Karlheinz Böhm, Dietrich Fischer-Dieskau, Reri Grist, Ulf Thomson. (Foto: Werner Neumeister, München)

7: Karl Böhm dirigiert das Tonhalle-Orchester Zürich. (Foto: Anthony Altaffer, Zürich)

8: *Karl Böhm gratuliert Richard Strauss im Großen Musikvereinssaal in Wien am 11. Juni 1944 zum 80. Geburtstag. (Foto: Lothar Rübelt, Wien)*

## 11. Kapitel

Der Schutzpatron: Mozart · Die Metropolitan Opera · Amerikanische Tra-
gödien · ›Wozzeck‹ in New York · Das neue Haus · Plädoyer für Rudolf
Bing · Lob Salzburgs · ›Wozzeck‹ in Paris · Die zahlreichen Ehrungen · Das
versenkte Orchester in Bayreuth · Der Mozartdirigent und Wagner

So wie ich vom ›Fidelio‹ als meiner Schicksalsoper sprach, möchte
ich jetzt von meinem musikalischen Schutzpatron sprechen: Wolfgang Amadeus Mozart. Alle meine Liebe, die ich ihm seit vielen, vielen Jahren schenke, hat er mir tausendfach gelohnt. Er hat mir immer
wieder den Mut gegeben, auch in schweren Stunden an meinem
Beruf nicht zu verzweifeln, er ist gewissermaßen der Gesundbrun-
nen, aus dem ich immer wieder die Kraft für neue Taten schöpfen
kann.

Meine erste Oper an der Metropolitan war eine Neueinstudierung
des ›Don Giovanni‹, die solchen Anklang fand, daß sie jetzt sogar
in das neue Haus am Lincoln Center übernommen wurde. Im gleichen Jahr dirigierte ich dann den ›Rosenkavalier‹ mit nicht weniger
Erfolg.

Als ich Rudolf Bing den Vorschlag machte, den ›Wozzeck‹ in den
USA zur ersten szenischen Aufführung zu bringen – mein Freund
und Kollege Mitropoulos hatte bereits eine konzertante Aufführung
in der Carnegie Hall veranstaltet –, meinte Bing: »Ich weiß nicht,
ob da die Amerikaner mitgehen werden.« So machte ich den Vorschlag, die Oper in englischer Sprache aufzuführen, weil das
Libretto Büchners an den abstrakteren Stellen schwerer verständlich
ist und so vieles vom Text abhängt. Es existierte eine englische Übersetzung, die aber nicht besonders gut war, und so hat der *Associated
Manager* des Hauses, John Guttman – ein sehr gebildeter Mann,
der, glaube ich, sieben Sprachen spricht – den Text revidiert. Hermann Uhde, dessen einer Elternteil englischer Abstammung ist und
der diese Sprache infolgedessen perfekt beherrscht, sang die Titelpartie.

Diese Übersetzung war ein Ausnahmefall, denn sonst werden an
der Met grundsätzlich alle Opern nur in der Originalsprache aufgeführt. Der ›Wozzeck‹ wurde bei der Premiere mit solcher Begeisterung aufgenommen, daß die nächsten sieben Vorstellungen restlos
ausverkauft waren und wir die Aufführung in der folgenden Spielzeit wiederholen mußten.

Ähnliches erlebte ich nur noch im vergangenen Jahr bei der ›Frau ohne Schatten‹, an deren Erfolg außer mir niemand glaubte. Alle dachten, die schon im Deutschen verwirrende und psychologisch schwierige Oper würde beim amerikanischen Publikum keine gute Aufnahme finden, aber das Gegenteil trat ein. Nach dem ersten Akt applaudierte das Publikum fast während der ganzen Pause, und das Orchester spielte diese Oper mit offenkundiger Freude und erreichte einen so schönen Klang, wie ich ihn sonst nur bei den Wiener Philharmonikern erlebt habe.

Ich habe mich in Amerika auch – wie man so schön sagt – »musikalisch umgesehen« und dabei die merkwürdigsten Dinge erlebt. So ging ich unter anderem in ein College, um mir verschiedene Sänger und Instrumentalisten anzuhören. Beim Weggehen vernahm ich die Töne des zweiten Satzes des g-Moll-Violinkonzertes von Max Bruch; besonders die Kantilene klang so wundervoll, daß sie von Heifetz hätte gespielt sein können. Ich erkundigte mich bei dem Direktor des Instituts, der mich führte, und er erzählte mir, daß es ein zehnjähriges Mädchen sei, das da geigte. Als ich ihm nicht glauben wollte, führte er mich in den Saal; da stand tatsächlich ein zehnjähriges Mädchen auf dem Podium und brachte diese wundervollen – und technisch einwandfreien – Töne hervor. Im vorigen Jahr fragte ich dann einen Freund, der als Lehrer an diesem Institut beschäftigt ist, nach dem Schicksal dieses Mädchens; sie müsse doch heute eine große Geigerin sein. Darauf erzählte er mir das tragische Geschehen: Die Mutter dieses Mädchens war so erpicht auf eine Blitzkarriere, daß sie das Kind immer wieder zum Üben zwang, zum Üben und nichts als zum Üben. Das Kind, das ja auch gern einmal mit anderen Kindern gespielt hätte, hatte sich daraufhin aus Verzweiflung aus dem Fenster gestürzt und war sofort tot.

Noch einen anderen merkwürdigen Fall habe ich in dieser Schule erlebt: Da war ein junger Mann, der perfekt Klavier und sehr gut Geige spielte und mit seinem ungewöhnlichen musikalischen Gedächtnis als Dirigent bestimmt Karriere gemacht hätte. Eines Tages kam er zum Leiter der Anstalt und sagte: »Ich studiere nicht mehr weiter, denn ich habe einen Job in der Kleiderindustrie gefunden, der mir sehr viel Geld einbringt.« Auf die Vorhaltungen des Direktors: »Um Gottes willen, Sie können doch eine viel größere Karriere machen«, antwortete er: »Nein, ich will das Sichere. Ich gehe.« Bis zu diesem Punkt könnte ich das noch verstehen, aber der Direktor fügte hinzu, daß der junge Mann von diesem Moment an nicht nur aufhörte zu musizieren, sondern auch nie mehr in ein Konzert oder eine Oper ging. Ich glaube aber, den Grund dafür gefunden zu haben: Vielleicht wollte er sich damit gegen die Musik abschirmen, um nicht »in alte Fehler zu verfallen«.

In Amerika sind, vor allem was Technik auf instrumentalem Gebiet betrifft, unvorstellbare Talente vorhanden; wenn man dort für die ersten Orchester Musiker sucht, melden sich zahllose Anwärter, über deren verblüffende technische Begabung ich immer wieder staunen mußte.

Das Publikum in Amerika – vor allem in New York, welches von den vielen Emigranten kulturell sehr profitierte – hat vor allem die Fähigkeit, zwischen einer nur mittelmäßigen und einer erstklassigen Leistung zu unterscheiden. Der Unterschied zwischen »gut« und »schlecht« ist nämlich nicht schwer zu erkennen, aber die Unterscheidung zwischen »mittelmäßig« und »erstklassig« ist schon bedeutend schwieriger. Dieses Unterscheidungsvermögen ist entweder angeboren oder muß anerzogen werden. Je länger ich nun in Amerika dirigiere, desto mehr fällt mir die erstaunliche Entwicklung des Musikverständnisses beim amerikanischen Publikum auf. Nur so ist es begreiflich, daß ein so schwer zu erfassendes Werk wie die ›Achte‹ von Bruckner in der Originalfassung auf meiner letzten Konzerttournee einen solchen Erfolg haben konnte.

Ein paar Worte möchte ich noch den amerikanischen Sängern widmen; mit ihnen habe ich nur die besten Erfahrungen gemacht. Es ist ja bekannt, daß heute kaum ein Opernhaus in Europa ohne amerikanische Sänger auskommen kann. Das beste Stimmaterial kommt heute – sieht man von den nordischen Ländern ab – aus Amerika. Ich muß aber hinzufügen, daß der amerikanische Sänger außerdem der fleißigste und willigste Mitarbeiter ist, den man sich denken kann. Er *will* lernen und tut es dadurch auch.

Dazu möchte ich noch ein sehr typisches Beispiel aus meiner New Yorker Zeit anführen. Als Österreicher bilde ich mir ein, den österreichischen Dialekt einigermaßen zu beherrschen; und als mich die Sängerin der Sophie im ›Rosenkavalier‹ beim Singen mit einem derart großartigen Wiener Dialekt überraschte, sprach ich sie selbstverständlich deutsch an – worauf sie mir erklärte: »Sprechen Sie bitte englisch mit mir, ich spreche nämlich kein Wort Deutsch.« Das bedeutet ein Ausmaß von Talent, Fleiß und Nachahmungsgabe, wie ich es in Europa kaum erlebt habe.

Rudolf Bing ist seit nunmehr, wie ich glaube, siebzehn Jahren der uneingeschränkte Leiter der Metropolitan Opera. Die alte Metropolitan, die »Met«, wie sie genannt wird, war ja eigentlich nichts anderes als der Sammelpunkt der ersten und schönsten Stimmen der Welt, besonders jener Italiens. Es erübrigt sich, Namen wie Enrico

Caruso, Beniamino Gigli usw. anzuführen. Bevor Bing sein Amt übernahm, war es üblich, daß sich die Sänger meist erst am Abend der Vorstellung trafen und kurz besprachen, wo sie auftreten und abgehen sollten. Dann sangen sie – Caruso war hier eine Ausnahme – ihre Arien meist vorn an der Rampe und ernteten dort den Beifall, vor allem ihrer italienischen Zuhörer – das Met-Publikum bestand damals vorwiegend aus Italienern. New York ist ja auch heute noch, wie man sagt, die »größte italienische Stadt«.

Bing, der einem ganz anderen künstlerischen Milieu entstammt, fing dann langsam an, dieses Startum einzudämmen. Er geht so weit, sogar das Verbeugen einem strengen Zeremoniell zu unterwerfen. Das war einfach eine Notwendigkeit, denn auch beim Verbeugen war es zu unliebsamen Szenen zwischen Primadonnen und Nicht-Primadonnen gekommen.

Bing ist vor allem deswegen ein so angenehmer Direktor, weil sein Ja wirklich ein Ja und sein Nein wirklich ein Nein ist. Es wird auch – nicht zuletzt dank seiner ausgezeichneten Subdirektoren, vor allem Bob Hermans – so weit im voraus disponiert, daß ich heute schon im Besitz meiner Proben- und Aufführungstermine für die über-nächste Spielzeit bin. In den letzten zehn Jahren wurde – mit einer Ausnahme, die auf die Übersiedlung vom alten ins neue Haus zu-rückzuführen war – nicht eine einzige Probe geändert.

Das neue Opernhaus ist der alten Met vor allem durch die wun-dervolle Akustik überlegen; und da Rudolf Bing sein Ziel, dem Publikum wirkliche Ensemblekunst zu bieten, rigoros verfolgt, ist mir um das Schicksal der Met nicht bange – wobei ich noch hinzufü-gen möchte, daß es Bing insofern nicht leicht hat, als er sich sein Geld – oder besser: seine Subventionen – »zusammenbettel« muß, weil ja weder der amerikanische Staat noch die Stadt New York dem Institut fixe Beträge zur Verfügung stellen.

Je weiter der Sommer fortschreitet, desto größer wird meine Sehnsucht nach Salzburg, und es ist für mich immer von neuem ein Erlebnis, wenn ich die Silhouette der Festung Hohensalzburg und den sie umgebenden Kranz von Bergen wiedersehe. Es kommt mir immer wieder wie ein Wunder vor, daß ich das Glück habe, in der Stadt wirken zu dürfen, in der das für mich größte musikalische Genie der Welt geboren wurde. Und so habe ich auch im Jahre 1938 als erstes Werk bei den Salzburger Festspielen eine Oper von Mozart dirigiert: ›Don Giovanni‹ mit dem unvergessenen und für mich be-sten Interpreten des Don Giovanni, den es je gegeben hat: Ezio Pinza.

Ich sehe diesen großen Künstler noch vor mir, wie er in seinem feuerroten Rennwagen beim Bühnentürl des Festspielhauses ankam und dann schon bei der ersten Probe ohne jede Starallüren die ganze Partie mit voller Stimme sang. Seine Partnerin als Donna Anna war die von mir schon seit meiner Dresdner Zeit verehrte Elisabeth Rethberg, die in Dresden ihre ersten kleinen und später großen Rollen sang und dann der Liebling der Metropolitan wurde.

In derselben Spielzeit dirigierte ich auch den ›Rosenkavalier‹ mit Fritz Krenn als Ochs und Maria Cebotari als Sophie. Für die Rolle des Octavian brachte ich damals Martha Rohs aus Dresden mit; sie übersiedelte später mit mir nach Wien. Auch mein erstes Salzburger Konzert mit den Wiener Philharmonikern fand in diesem Sommer 1938 statt.

Ich habe – ausgenommen einige Jahre nach dem Krieg – in jeder Spielzeit in Salzburg dirigiert, und zwar meist zwei Opern und zwei Philharmonische Konzerte. Als wichtigste Erlebnisse, die auch in Salzburg als so etwas wie Marksteine der Festspiele gefeiert wurden, sind mir erinnerlich: eine Neueinstudierung der ›Arabella‹ im Jahre 1947; da arbeitete ich zum erstenmal mit Günther Rennert zusammen, von dem ich schon so viel Gutes gehört hatte und der ja inzwischen zu einem der ersten Regisseure Deutschlands beziehungsweise der Welt avanciert ist. Maria Reining sang die Arabella, Lisa Della Casa die Zdenka, Hans Hotter den Mandryka... ferner aus dem Jahre 1950 eine sehr schöne Neueinstudierung des ›Capriccio‹ mit Lisa Della Casa als Gräfin und Paul Schöffler als Theaterdirektor Laroche.

1951 habe ich dann, wie schon erwähnt, zum erstenmal nach dem Krieg den ›Wozzeck‹ in der Inszenierung von Oscar Fritz Schuh mit Christel Goltz und Josef Herrmann zur Diskussion gestellt und damit, wie mir der Verlag der Universal-Edition spontan mitteilte, diesem von mir so heißgeliebten Werk den Weg in die Weltöffentlichkeit neu gebahnt.

›Wozzeck‹ kam dann auch an die Wiener Staatsoper, und unvergeßlich bleibt mir ein Gastspiel mit dieser Aufführung im Champs-Elysée-Theater in Paris. Die Pariser, die ja einen ausgesprochenen Spürsinn für wirklich große Kunst haben, waren dem Werk vom ersten Takt an – ich möchte fast sagen: verfallen; der Applaus am Schluß war für ein modernes Stück frenetisch.

Dabei erinnere ich mich eines merkwürdigen Zwischenfalls. Ich stand erschöpft und glücklich auf der Hinterbühne des Theaters, als mir ein Theaterdiener einen Herrn mit Namen Olin Downes meldete. Ich erklärte, ich hätte jetzt keine Zeit und sei auch zu erschöpft; da meinte einer der Künstler: »Ich glaube, der Mann ist nicht ganz

unwichtig, denn er ist der berühmteste Kritiker Amerikas, der Chef-
kritiker der ›New York Times‹.« Darauf ich: »Er interessiert mich
trotzdem nicht.« In diesem Moment stand schon ein kleiner Mann
vor mir und ließ einen Schwall von englischen und französischen
Wörtern über mich ergehen. Daraus konnte ich nur erkennen, daß
der damals schon ältere Herr von der Aufführung wirklich begeistert
war. Die Kritik in der ›New York Times‹ war dann auch ein Hymnus
auf das Werk und die Aufführung. Zum Schluß dieses überraschen-
den Besuchs sagte er noch zu mir: »Ich habe gehört, Sie können
Mozart auch so gut dirigieren wie Alban Berg; das kann ich kaum
glauben.« Darauf antwortete ich: »Bitte, Sie können sich davon
überzeugen. Wir reisen morgen nach Brüssel, und dort findet unter
meiner Leitung eine Aufführung von ›Così fan tutte‹ statt.« Als
Downes in seiner lebhaften Manier sagte: »Bei dieser Vorstellung
werde ich dabei sein!«, hielt ich das für eine Floskel, doch saß er zu
meinem Erstaunen tatsächlich in der Aufführung von ›Così fan tutte‹
und schrieb nachher eine ebenso überschwengliche Kritik darüber
wie über den Pariser ›Wozzeck‹.

1952 war ich wegen meiner Augenoperation von Salzburg abwe-
send. 1953 leitete ich meine erste Salzburger ›Così fan tutte‹-Auf-
führung, die bei schlechtem Wetter im Caribinieri-Saal, gewöhnlich
aber im Residenzhof stattfand, in meiner hervorragenden Wiener
Besetzung mit Irmgard Seefried, Dagmar Hermann, Lisa Otto,
Erich Kunz, Anton Dermota und Paul Schöffler. Und in demselben
Jahr dirigierte ich die Uraufführung der Oper ›Der Prozeß‹ nach
Kafka von Gottfried von Einem. Max Lorenz sang damals den Josef
K. und Lisa Della Casa die drei Frauenrollen.

Das nächste Jahr brachte eine Neueinstudierung der ›Ariadne auf
Naxos‹ mit Josef Gielen als Regisseur. ›Idomeneo‹, ›Entführung‹,
›Hochzeit des Figaro‹ und ›Così fan tutte‹ waren die Werke des
Mozart-Jubiläumsjahres 1956. 1957 wurde ein neuer ›Figaro‹ unter
der Regie von Günther Rennert herausgebracht und, ebenfalls unter
Rennerts Regie, eine ganz besonders schöne Aufführung der
›Schweigsamen Frau‹ in der Idealbesetzung mit Hans Hotter, dem
leider so früh verstorbenen Fritz Wunderlich, Hermann Prey und
Hilde Güden. Ich hatte das Werk seit seiner Uraufführung in Dres-
den nicht mehr dirigiert und war begeistert, ihm wieder zu begeg-
nen.

Rennert ist ein Regisseur, mit dem ich, wie mit dem verstorbenen
Wieland Wagner, immer ganz besonders gern gearbeitet habe. Er ar-
beitet fanatisch und kann sich wandeln, ohne seine eigene Linie zu
verlieren. Am Beispiel des ›Figaro‹ kann ich das belegen. Zweimal

habe ich diese Oper mit ihm in Salzburg gemacht. Schon die erste Inszenierung von 1957 fand ich äußerst glücklich, aber bei der zweiten hat er all das, was verbesserungswürdig war, ohne mit mir darüber gesprochen zu haben, von sich aus korrigiert. Ich glaube, daß diese zweite Inszenierung von 1966 – soweit man das bei der Vergänglichkeit jeder Opernaufführung sowohl im Szenischen wie im Musikalischen sagen kann – in allen Punkten eine ideale Lösung darstellte.

Am Ende der Festspielsaison 1959 erhielt ich das Ehrenband des Landes Salzburg und die Goldene Medaille der Mozartstadt Salzburg. Und weil ich gerade bei den Ehrungen bin, so muß ich erwähnen, daß man mich im Laufe der Jahre damit nicht zu karg bedacht hat. Ich wurde Ehrenmitglied des Salzburger Mozarteums, hatte zuvor schon den Ehrenring der Wiener Philharmoniker, dann die Ehrenmitgliedschaft dieses Orchesters erhalten, und beim Jubiläum der Wiener Philharmoniker im Jahre 1967 prägte man für mich eigens den Titel Ehrendirigent dieses Orchesters. Ich wurde Ehrensenator der Karl-Franzens-Universität in Graz, die ich bei dieser Gelegenheit zum erstenmal nach meiner Promotion wiedersah. Und am 31. August 1964 – eines der schönsten Geschenke für mich – wurde ich Ehrenbürger der Landeshauptstadt Salzburg. Bei der Ansprache, die ich aus diesem Anlaß hielt, sagte ich, daß diese Ehrenbürgerschaft für mich die höchste und schönste Auszeichnung sei, da sie mich zum Kompatrioten Mozarts mache.

Man verlieh mir den Ehrenring der Stadt Wien, die Ehrenmitgliedschaft der Gesellschaft für Musiktheater und der Wiener Konzerthausgesellschaft; vom österreichischen Staat erhielt ich den offiziellen Titel Generalmusikdirektor mit der Auflage, daß zu meinen Lebzeiten niemand anderer den Titel führen dürfe.

Von der Bundesrepublik Deutschland erhielt ich den Bundesverdienstorden und später das Bundesverdienstkreuz. Ja, und dann wurde ich Ehrenmitglied – nicht der Wiener Oper, sondern der Deutschen Oper Berlin. Zum Abschied aus Hamburg hatte ich seinerzeit schon die silberne Brahmsmedaille, und als Leiter der Orchesterschule der Staatstheater in Dresden auch den Professorentitel bekommen. Von den orientalischen und sonstigen Auszeichnungen wollen wir gar nicht reden, nur den »Grand Premio Musica Lirica Universale« von Südamerika möchte ich noch erwähnen.

Außerdem erhielt ich neun Ehrenringe, darunter den von Bayreuth und meiner Heimatstadt Graz; letzterer wurde erst aus Anlaß meines siebzigsten Geburtstages geschaffen.

Inzwischen hatte ich auch für meine Platten internationale Preise bekommen. Als bedeutendsten erhielt ich – und zwar, wie ich glaube, als erster Europäer – für die Aufnahme von ›Wozzeck‹ den »Grammy-Preis«, ferner verlieh man mir den Preis des größten japanischen Musikzeitschriftenverlages, den »Record-Academy-Price«. Dreimal bekam ich den »Edison-Preis«, und mindestens zehnmal den »Grand Prix du Disque« – zuletzt für die ›Jahreszeiten‹ – und den »Prix Jacques Rougé«.

Das Jahr 1961 brachte mir nach einigen Schallplattenaufnahmen in Dresden eine Wiederbegegnung mit der Sächsischen Staatskapelle in Salzburg. Nathan Milstein war der Solist des A-Dur-Konzertes von Mozart; anschließend spielten wir die ›Siebente‹ von Bruckner (es war genau der Tag, an dem »die Mauer« errichtet wurde).

Doch kehren wir in das Jahr 1960 nach Salzburg zurück. Ich machte mit Günther Rennert eine Neuinszenierung von ›Così fan tutte‹, die solchen Erfolg hatte, daß sie in jedem darauffolgenden Jahr vier- bis fünfmal gegeben wurde, so daß ich mit Abschluß des Jahres 1965 meine fünfzigste Salzburger ›Così fan tutte‹-Aufführung feiern konnte.

1962 machte ich mit Rennert zusammen eine neue ›Iphigenie in Aulis‹ in der Originalfassung mit Ludwig und Berry – eine Aufführung, die mir ebenfalls in lebhafter und schönster Erinnerung geblieben ist.

Zusammenfassend kann ich feststellen, daß ich mit der Salzburger Spielzeit 1967 dort genau zweihundert Opernaufführungen und Konzerte dirigiert habe; nach fünfzigmal ›Così fan tutte‹, dreiunddreißig Aufführungen der ›Hochzeit des Figaro‹, gefolgt von ›Ariadne auf Naxos‹ mit neunzehn, und sechzehn Aufführungen des ›Rosenkavalier‹. Außer mit den Wiener Philharmonikern dirigierte ich in Salzburg auch Konzerte mit anderen Konzertorchestern wie der Berliner Philharmonie, der Tschechischen Philharmonie und der Sächsischen Staatskapelle.

Die Arbeit in Salzburg ist mir nicht nur deshalb so willkommen, weil ich mich mit dem Genius loci so eng verbunden fühle, sondern auch, weil Sänger und Orchester ausschließlich für die Arbeit an dem betreffenden Werk zur Verfügung stehen und die Besetzung immer die gleiche bleibt. Jeder fühlt sich bis zum letzten verpflichtet, gerade hier sein Bestes zu geben. So hat man bei aller Unsicherheit, die jeder Aufführung anhaftet, doch wie in Bayreuth die Gewähr, eine konstante und möglichst vollkommene Leistung vollbringen zu können.

Salzburg ist allerdings in den letzten Jahren durch einen übergroßen Touristenstrom vom Publikum her etwas problematisch geworden – die Schönheit dieser Stadt lockt eben viel Menschen an, von denen manche das Festspiel sozusagen nur »mitnehmen«.

Das gibt es in der Festspielstadt Bayreuth nicht. Wer nach Bayreuth geht, weiß, daß diese Stadt außer den Festspielen nur wenig zu bieten hat, wenn auch die Landschaft ringsum sehr schön ist. In Bayreuth sind die Verhältnisse eben anders, und wer dorthin kommt, konzentriert sich hundertprozentig auf die Festspielaufführungen.

Ehe ich dort im Jahre 1962 zum erstenmal dirigierte, warnte man mich vor dem verdeckten Orchester; es sei schwierig, sich akustisch darauf einzustellen, außerdem sei es für den Dirigenten nicht leicht, die Sänger zu verstehen. Diese Schwierigkeiten hatte ich jedoch bereits in den ersten fünf Minuten Probenzeit überwunden. Der Vorteil dieses verdeckten Orchesters ist nämlich, daß der Klang durch den Klangdeckel direkt auf die Bühne gelangt, sich dort mit den Stimmen der Sänger vermischt und dann als Gesamtklang zu den Zuhörern dringt. Es ist – vor allem für den ›Ring des Nibelungen‹ – die ideale Lösung, die Wagner hier gefunden hat. Dazu kommen bei den Aufführungen die Pausen von je einer Stunde zwischen den einzelnen Akten, in denen sowohl das Publikum als auch die Sänger und der Dirigent mit seinem Orchester sich erholen können. Vor diesen langen Pausen hatte ich anfangs Angst, weil ich befürchtete, sie würden mich aus der Stimmung reißen; aber schon der erste ›Tristan‹ überzeugte mich vom Gegenteil – diese Stunde Erholung ist in jeder Beziehung von Vorteil, denn man kommt danach wieder vollkommen frisch ans Pult.

Ich habe kaum je ein diszipliniertes, aufmerksameres und beifallsfreudigeres Publikum erlebt als dasjenige Bayreuths. Eine Applausdauer von vierzig Minuten am Schluß des ›Rings‹ ist absolut keine Seltenheit, obwohl gerade dieses Publikum das Theater besonders erwartungsvoll betritt und durch frühere hervorragende Leistungen sehr verwöhnt und kritisch ist.

Das Orchester wird jedes Jahr aus den Musikern der ersten Orchester Deutschlands neu zusammengestellt. Leider sind die Berliner Philharmoniker nicht mehr dabei, weil sie zu diesem Zeitpunkt ihre eigenen Konzerte veranstalten und außerdem in Salzburg tätig sind. Die Musiker, die in Bayreuth mitwirken, spielen dort wirklich für kein großes Gehalt, sondern aus purer Begeisterung, und alle opfern ja ihre Ferien dafür.

Man hat, besonders in meiner Vor-Bayreuther-Zeit, versucht, mich immer wieder als Mozart- und Richard-Strauss-Dirigenten abzustempeln. Abstempeln lasse ich mich aber gar nicht gern, obwohl es natürlich Werke gibt, die ich besonders liebe. Ich erinnere mich von meiner Jugendzeit her, wie versucht wurde, zwischen den damals noch in Verteidigungsstellung befindlichen »Wagnerianern« und den Anhängern der klassischen Musik, insbesondere den »Mozartianern«, bewußt Gegensätze zu konstruieren, die in Wirklichkeit gar nicht in diesem Maße vorhanden sind; Wagner selbst hat einmal eingestanden, daß er das Entstehen seiner Musikdramen letztlich der Komtur-Szene aus dem ›Don Giovanni‹ verdankt. Und so ist es falsch, nicht daran zu glauben, daß ein Dirigent, der als Mozart-Dirigent sozusagen »abgestempelt« ist, nicht auch die gleiche innere Beziehung zu Wagner haben könnte. Wie meine Bayreuther Aufführungen des ›Tristan‹, der ›Meistersinger‹ und nicht zuletzt auch des ›Rings des Nibelungen‹ bewiesen haben dürften, sind beide Stile nicht nur zu vereinbaren – im Gegenteil: Die langjährige Beschäftigung mit Mozart hat mich – teils bewußt, teils sicher unbewußt – zu einer, ich möchte fast sagen: Purifikation des Wagnerschen Stils reif gemacht.

## 12. Kapitel

Die Berliner Philharmoniker · Umgang mit dem Orchester · Vom Dirigenten in der Oper · Soll man auswendig dirigieren? · Das richtige A · Musik im Fernsehen · Über das Dirigieren

Durch Wilhelm Furtwängler, mit dem ich bis zu seinem Tod befreundet war, bin ich auch mit den Berliner Philharmonikern in engeren Kontakt gekommen, der nicht nur durch zahlreiche Konzerte, sondern später auch durch unsere Zusammenarbeit bei der Deutschen Grammophon-Gesellschaft vertieft wurde.

Meine ersten Konzerte mit den Berliner Philharmonikern dirigierte ich in der alten Philharmonie, deren Akustik mir in unvergeßlicher Erinnerung bleiben wird. Später, als dieser altehrwürdige Saal, in dem soviel schöne Musik erklungen ist, in Trümmer ging, mußten wir ausweichen, zuerst in die Berliner Staatsoper, dann, als diese ebenfalls zerstört wurde, in einen Kinosaal.

Ein großes Lob auch dem Berliner Publikum, das mit den Künstlern, die es einmal ins Herz geschlossen hat, wirklich durch dick und dünn geht – ein faszinierendes Publikum, welches verständnisvoll ist, schnell reagiert und die Unterscheidung zwischen »mittelmäßig« und »wirklich gut«, die ich an anderer Stelle dem amerikanischen Publikum attestierte, genau zu treffen weiß.

Ich möchte an dieser Stelle einmal ganz allgemein von meinen Erfahrungen im Umgang mit Orchestern erzählen. Oft habe ich gesagt: Bei den Wiener oder Berliner Philharmonikern fange ich da an, wo ich mit weniger guten Orchestern aufhöre, beziehungsweise aufhören muß.

Einer der kritischsten Punkte bei allen Orchestern ist die »Stimmung«. Darüber wird so viel geredet und geschrieben, daß ich nun einmal dazu ein Wort aus der Praxis sagen möchte. Man kann natürlich elektronisch ein A mit einer ganz bestimmten Schwingungszahl konstruieren und dann diktieren, daß dieses oder jenes Orchester sich genau auf dieses A einstimmen muß. Wenn die Orchester gutwillig sind, werden sie es auch tun. Aber was geschieht bereits in kürzester Zeit? Die Geiger werden höher, denn es besteht ohnedies bei den Streichern meist die Tendenz, hinaufzustimmen; die Bläser können bald nicht mehr mitkommen – wobei noch zu bemerken ist, daß der Oboist, der ja das A angibt, sein Instrument erst »warm geblasen« haben muß, weil er sonst ebenfalls im Verlauf des ersten Stückes höher werden wird. Ich habe im Laufe der Jahre die Erfahrung gemacht, daß im Grunde niemand von sich sagen kann, er habe das richtige A. Diese A-Stimmung oder die Stimmung eines Orchesters im allgemeinen – beziehungsweise die *gute* Stimmung (in jeder Beziehung!) – kann nur im Wege eines kameradschaftlichen Übereinkommens richtig fundamentiert sein.

Aus meiner Erfahrung möchte ich da ein Beispiel anführen, das mir von einem südamerikanischen Orchester in unangenehmster Erinnerung geblieben ist. Dort war eine ganz merkwürdige Orchesteraufstellung üblich, die ich des Raumes wegen nicht ändern konnte; und so saßen vor meinem Pult der erste Oboist und der erste Flötist, die beide im Laufe ihrer Dienstjahre Todfeinde geworden waren. Jeder behauptete von sich, das richtige A zu haben, und man kann sich vorstellen, welche Qualen ein Dirigent erleidet, wenn er den ganzen Abend zwei um einige Schwingungen divergierende Stimmungen anhören muß.

Es gibt Orchester erster Qualität, und das sind vor allem die Wiener und die Berliner Philharmoniker, die fest daran glauben (insbesondere die Streicher), daß eine höhere Stimmung einen größeren Glanz erzeugt. Sie sind aus diesem Grund so hoch eingestimmt, und manche Sänger, die vielleicht ohnedies mit der Höhe zu kämpfen haben, empfinden bei gewissen Spitzentönen diesen Zustand als große Unannehmlichkeit. Man könnte diese Meinung – je höher, desto glanzvoller – natürlich auch ad absurdum führen, und dies geschah einmal in Wien anläßlich einer Neuinszenierung der ›Meistersinger‹. Richard Strauss, der dabei war – der allerdings, je älter er wurde, desto höher absolut hörte –, kam nach dem ersten Akt zu mir und sagte: »Sehr schön, Böhm, sehr schön dirigiert, aber warum spielt ihr eigentlich das ›Meistersinger‹-Vorspiel in Cis-Dur statt in C-Dur?

Doch wie ich vorhin schon sagte: Diktieren läßt sich eine bestimmte Stimmung nicht; es geht nur auf dem Weg eines freundschaftlichen Übereinkommens.

Schon bei den Proben, aber vor allem bei den Aufführungen, muß der Dirigent stets die absolute Kontrolle über den ganzen ihm unterstellten künstlerischen Apparat – Orchester, Chor und Sänger – ausüben können; er muß dauernd präsent sein; ein Davonschwimmen, ein Versinken, ein »Ertrinken im All«, wie es im ›Tristan‹ heißt, wirkt sich immer verhängnisvoll aus.

Ich kann mich, als wäre es heute gewesen, an eine Vorstellung erinnern, in der die Nilsson und Windgassen im zweiten ›Tristan‹, den ich in Bayreuth dirigierte, so unbeschreiblich schön sangen, daß das ganze Orchester und auch mich der Strom der Töne mit fortriß und ich plötzlich das Gefühl hatte: »Wenn du jetzt nicht aufpaßt, schwimmst du davon!« – Nicht auszudenken, was dann aus der Aufführung ohne Kontrolle geworden wäre.

Der Dirigent soll zugleich *in* und *über* dem Werk stehen. In dem Augenblick, in dem er nicht mehr imstande ist, falsche Töne zu hören und zu korrigieren, nicht mehr jederzeit die Dynamik bei den einzelnen Instrumenten modifizieren kann, hat er beim Orchester schon verspielt. In solchen Momenten geht seine Autorität verloren. Ich weiß dafür ein Beispiel. Einmal wohnte ich einer Orchesterprobe bei, in welcher der Dirigent ständig den Hörnern zurief: »Zu laut, meine Herren, bitte blasen Sie doch piano!« Als er das zum drittenmal sagte, sah der erste Hornist seine Kollegen an, sie verstanden ihn sofort – und als der Dirigent nachher meinte: »Wunderbar, jetzt war es richtig!«, stand der erste Hornist auf und sagte: »Jetzt haben wir überhaupt net blasen.«

Bei Opernaufführungen ist es sehr wichtig, daß man sich, lange bevor das Stück auf die Bühne kommt, mit dem Regisseur und dem Bühnenbildner genau über die Art der Inszenierung, insbesondere über die Stellung der Sänger, besprochen hat. Das eben ist der grundlegende Unterschied zwischen Opern- und Schauspiel-Inszenierung: Die Schauspielregie muß vor allem anstreben, daß man jedes – auch ein geflüstertes – Wort versteht; bei stark instrumentierten Opern, auch bei größtmöglicher Dämpfung des Orchesters, ist das absolut nicht möglich. Natürlich soll in der Oper trotzdem die Wortdeutlichkeit oberstes Gesetz sein, aber ich möchte den Zuhörer kennen, der zum Beispiel beim Liebesduett im zweiten Akt des ›Tristan‹ die einzelnen Worte oder gar die ganze Philosophie des Tages- und Nachtgesprächs akustisch versteht. Nach Wagner selbst ist das bei einer so eindeutigen Situation, wie sie dieses Liebesduett darstellt, auch gar nicht unbedingt notwendig, denn die an sich wunderschönen Verse sind hier nur ein Mittel, um diese schönste aller Liebesszenen in Musik auszudrücken.

Wenn zum Beispiel ein Sänger oder eine Sängerin bei fortissimo spielendem Orchester einzelne Phrasen nach hinten singen müßte, weil ein Regisseur das szenisch schön findet, ist das vom schauspielerischen Standpunkt aus vielleicht gut gemeint, in der Praxis aber undurchführbar, weil selbst die stärkste Stimme in dieser Stellung das Orchester nicht übertönen kann. Oft genügt schon eine kleine Seitenwendung, und die Stimme kommt nicht mehr über das Orchester. Darum bin ich sehr dafür, daß sich der opernerfahrene Dirigent eingehend mit Regisseur und Bühnenbildner bespricht; weniger ideal erscheint es mir aber, ihn selbst auch Regie führen zu lassen. Meiner Meinung nach ist es kaum möglich zu kontrollieren, ob die

Hörner zu laut oder zu leise sind, und gleichzeitig zu bemerken, ob das Licht auf den Sänger oder die Sängerin richtig eingestellt ist. Zwangsläufig müßte eines darunter leiden: das Musikalische oder das Optische. Außer man setzt einen mit der Inszenierung vollkommen vertrauten Mann während der musikalischen Proben in den Zuschauerraum, der dann den ganzen szenischen Ablauf kontrolliert.

Sehr wichtig, aber heutzutage schon fast völlig aus der Mode gekommen, ist es, daß der Dirigent mit den Sängern Klavierproben in genügender Zahl abhält – das nüchterne Lernen der Rolle wird ja von den Korrepetitoren besorgt. Handelt es sich aber um die ausdrucksmäßige Einstudierung der Partie, besonders wenn die Rolle für den betreffenden Sänger neu ist, sind diese frühen Kontakte sehr von Vorteil. Das wichtigste bei Ensemble-Opern sind aber die Ensemble-Proben bei denen die Sänger dynamisch aufeinander abgestimmt werden müssen. Eine wesentliche Aufgabe besteht für den Dirigenten darin, dem Künstler klarzumachen, wo seine Grenzen liegen. Es ist interessant zu beobachten, wie manche Baritone glauben, sie wären Tenöre, nur weil sie ein leichtes hohes A oder B singen können; es kommt aber in erster Linie darauf an, daß der betreffende Sänger die ganze hohe Lage aushält. Als Kriterium für einen Tenor führe ich dann immer das Schwanenlied aus dem ›Lohengrin‹ oder das »Morgendlich leuchtet...« aus den ›Meistersingern‹ an. Franz Völker, der herrliche Tenor, war nie ein »Hoher-C-Tenor« – meines Wissens hat er es nie gesungen – und dennoch ein echter Tenor, was sich bei den erwähnten Opernstellen deutlich zeigte.

Oft habe ich erlebt, daß ein Mezzosopran mit sehr viel Höhe glaubte, er könne ohne weiteres ins Hochdramatische übergehen. Wie viele herrliche Stimmen – ich könnte zahllose Beispiele anführen – sind dadurch in kurzer Zeit abgenützt und dem völligen Ruin preisgegeben worden!

Was das Auswendigdirigieren bei Opern betrifft, stehe ich auf dem Standpunkt, daß eigentlich nur jener Dirigent dazu die Berechtigung hat, der – so wie es bei Toscanini der Fall war – in der Lage ist, die Partitur aus dem Gedächtnis zu reproduzieren. Ein Orchestermusiker hat mir erzählt, daß er einmal zu Toscanini gesagt hatte: »Ja, Sie wissen wohl genau, wie es weitergeht, aber jede einzelne Stimme kennen Sie auch nicht auswendig.« Worauf Toscanini meinte: »Bitte, geben Sie mir eine Aufgabe.« Darauf der Musiker: »Schreiben Sie mir mit den Pausen die zweite Fagottstimme aus der Prügelszene des zweiten Akts der ›Meistersinger‹ auf.« Da setzte sich Toscanini hin und tat es. Ein Mensch mit einem so phänomenalen photographischen Gedächtnis hat natürlich die volle Berechtigung zum Auswendigdirigieren, um so mehr, als Toscanini, wie ich weiß, auch sehbehindert war.

Ich selbst dirigiere im Konzertsaal sämtliche klassischen Werke auswendig, weil ich das Gefühl habe, auf diese Weise freier gestalten zu können, glaube aber auch sagen zu dürfen, daß ich die gerade gespielte Symphonie tatsächlich auswendig lerne.

Jedem Orchester versuche ich neu auseinanderzusetzen, daß auch in der Musik alles nur relativ ist. Es gibt kein »gleiches Piano«, und ich muß immer lächeln, wenn mir ein zweiter Oboist auf meinen Einwand: »Sie blasen zu laut«, antwortet: »Ich habe dasselbe Piano wie die Klarinette.« Erstens ändert das nichts an der Tatsache, daß die Oboe den stärkeren Ton hat, und zweitens hat sie, zum Beispiel, nur die Mittelstimme und nicht die Melodie zu blasen, während die Klarinette die Führungsstimme zu spielen hat. Das alles sind Dinge, die der Komponist nicht immer angegeben hat – obwohl zum Beispiel Wagner oder Richard Strauss in der Bezeichnung sehr genau sind. Aber alles läßt sich nicht bezeichnen, und es würde die Musiker auch nur verwirren.

Es ist sehr wichtig, daß der einzelne Musiker genau weiß, was die anderen Kollegen zu spielen haben. So muß er wissen, daß er mit dem Einsatz erst dann kommen darf, wenn die Auftaktnote, die sein Kollege zu spielen hat, da ist. Gleichfalls muß er wissen, wo der Kollege einen schwachen Ton hat, das heißt, wo er vielleicht zu tief oder zu hoch wird; der andere hat sich dann darauf einzustellen und einen bestimmten Ton ebenfalls um einige Schwingungen tiefer oder höher zu blasen, so daß eine saubere Gesamtstimmung zustande kommt und der betreffende Akkord rein wird. Hören ist eben in der Musik wichtiger als Sehen!

In der letzten Zeit habe ich auch für das Fernsehen dirigiert, und zwar mit den Wiener Symphonikern, die sich bei einer Opernproduktion – und nicht der leichtesten, nämlich bei der Erstaufführung von ›Lulu‹ im Theater an der Wien – ganz vortrefflich bewährt haben. Ähnlich wie es seinerzeit bei den Schallplatten war, stecken diese Fernsehaufnahmen für Musikfilme noch in den Kinderschuhen, obwohl in der letzten Zeit spürbare Fortschritte erzielt wurden.

Am Anfang beschränkte man sich darauf, teils das Orchester aufzunehmen, teils den Dirigenten in Großaufnahme zu zeigen, dann wieder, bei gewissen markanten Stellen, den Hornisten oder Oboisten, was auf die Dauer für das Publikum ziemlich langweilig wurde. Andererseits: Zu der Methode zu greifen, daß man versucht, das betreffende Musikstück durch Bilder zu illustrieren, wie es zum Beispiel bei der ›Alpensymphonie‹ naheliegen könnte, finde ich ebenso falsch, denn es lenkt das Publikum von dem, was es eigentlich hören soll und will, nur ab. Ich finde ohnedies in der Musik Bezeichnungen wie ›Jupitersymphonie‹ oder ›Schicksalssymphonie‹ falsch, denn ich stehe auf dem Standpunkt, daß der Hörer sich bei absoluter Musik selbst seine Vorstellung machen soll. Meines Erachtens soll und kann man weder dem naiven, noch dem gebildeten Zuhörer Vorschriften machen, wie er das Musikstück zu erleben hat, außer der Komponist selbst hätte, wie es Beethoven bei der ›Pastorale‹ tat, dem Zuhörer gewisse Anhaltspunkte für seine Phantasie gegeben.

Eine musikalische Fernsehproduktion soll allerdings auch keine Unterrichtsstunde für angehende Dirigenten sein. Für mich ist es manchmal sehr schwierig, beim *Playback* natürlich zu bleiben, wenn es heißt: »Achtung, Aufnahme!« Man hat nämlich das Stück schon vorher akustisch aufgenommen, und jetzt müssen für das Bild die adäquaten Bewegungen gemacht werden. Da ich glaube, am Pult alles andere als ein Schauspieler zu sein, fällt mir dieses *Playback*-Dirigieren (nicht was das Rhythmische anbelangt!) besonders schwer. Es gilt hier dasselbe wie für das Photographieren: Natürlich ist man nur in der Aktion, in der zwanglosen Unmittelbarkeit.

Das Dirigieren schaut ziemlich einfach aus, und wenn man weiß, wie die Takte geschlagen werden, ist das Taktschlagen an sich keine Kunst – aber die Angabe des jeweiligen Tempos ist ja nur das armselige Gerippe, um das sich jetzt erst der Zauber der Interpretation zu entwickeln hat. Ich habe oft darüber nachgedacht, was die Faszination eines Dirigenten auf das Publikum ausmacht... Wir Musiker sind alle Stimmungsmenschen, und das Publikum auch. Man gibt immer wieder sein Bestes oder will es geben – »Von Herzen, möge es wieder zu Herzen gehen«, wie Beethoven über seine ›Missa‹ geschrieben hat; darum kann sich reine Schreibtischmusik auch niemals die Herzen der Zuhörer erobern.

Beim Probieren soll, ja muß der Dirigent direkt schulmeisterlich penibel sein, um jeder Nuance des Komponisten folgen zu können, während er bei der Aufführung nicht mehr daran denken soll, ob der Hornist nun bei einer der schweren Stellen giksen wird oder nicht – denn dann gikst er bestimmt. Ich habe da Dinge erlebt, die kaum zu glauben sind. In Dresden saß am ersten Pult ein Solo-Cellist, Herr Hesse, ein literarisch sehr gebildeter Mann, den ich leider nach dem Krieg aus den Augen verlor. Einmal dirigierte ich eine Bruckner-Symphonie auswendig, und dabei habe ich fälschlicherweise einen

Takt lang nur *gedacht*, daß die Celli hier einsetzen müßten, ohne aber meinen Blick den Cellisten zuzuwenden, und Herr Hesse als einziger setzte zu früh ein. Ich winkte mit der Hand ab und fragte nachher: »Ja, Hesse, Sie als einziger setzen falsch ein?« – »Herr Professor, ich habe das Gefühl gehabt, Sie wollen, daß ich einsetze.« – So etwas gibt es!

Diese Suggestionskraft des Dirigenten wirkt sich im Guten wie im Schlechten aus. Ein gutes Orchester erfaßt schon beim zweiten oder dritten Takt, was von »dem da oben« zu halten ist, sei es in der Oper oder im Konzert.

Ich habe den ›Figaro‹ vielleicht zweihundertfünfzigmal dirigiert. Vor jeder Aufführung blätterte ich die Partitur durch, und immer wieder entdeckte ich etwas, das mich fesselt – ich kann die Kollegen nicht verstehen, die gelangweilt vor solchen Werken stehen, weil sie sie so oft »heruntergdirigiert« haben. Wenn ich das Gefühl hätte: ich kann dieses Werk nicht mehr mit Freude dirigieren, so täte ich es auch nicht mehr; denn wenn mich etwas langweilte, würde ich sagen: »Es ist schade ums Geld, das man dir bezahlt – und du betrügst die Kunst.«

Wenn ich vor einem Orchester stehe, versuche ich, die unterschiedlichen Künstlerindividualitäten der Wiener, der Berliner oder der New Yorker Philharmoniker mit meinem Idealbild der Partitur – das ich nie erreiche, dem ich aber unablässig nahezukommen strebe – vertraut zu machen. Mit Befehlsgewalt ist da wenig auszurichten; es geht nur dank der künstlerischen Überzeugungskraft auf dem Wege der Freiwilligkeit, eine solche Unterordnung unter ein musikalisches Konzept zu erreichen. Wenn ein Dirigent sich dauernd Blößen gibt, hat er beim Orchester bereits verspielt. Das hat nichts zu tun mit einem Mangel an Subordination. Ich kann gut verstehen, daß sich ein Musiker, der das Werk genau kennt und sein Instrument beherrscht, unter gewissen Umständen sagt: »Ich kenne die Tempi besser als der, der da oben steht« – und innerlich nicht mehr mitmacht. Das ist dann der Anfang der beginnenden Auflösung; aus Interesselosigkeit spielen die Musiker sogar falsche Noten, und die Aufführung ist endgültig verdorben.

Man muß eine ganz bestimmte Vorstellung von einem Kunstwerk haben und diese bei den Proben den Musikern bis ins kleinste Detail vermitteln, denn in der Kunst gibt es nichts, was nicht wichtig ist. Bei der Aufführung selbst kann, ja muß sogar die Phantasie und Improvisation eine gewisse Rolle spielen und so auch der Eindruck einer gewissen Spontaneität erreicht werden.

Wenn ein Musiker gegikst hat, habe ich früher, als junger Dirigent, böse hingeschaut, worauf er bei der nächsten Stelle dann bestimmt noch einmal gikste. Heute schaue ich nicht mehr hin, im Gegenteil, bei der nächsten gelungenen Stelle lächle ich ihm freundlich zu. Wir sind alle nur Menschen, jedem kann ein Fehler unterlaufen, und ich weiß heute wohl zu unterscheiden, ob der Betreffende eine Stelle aus Gleichgültigkeit verpatzt hat oder ob es einfach ein menschliches Versagen war.

Das Operndirigieren ist insofern schwieriger als das Konzertdirigieren, als es mehr Routine erfordert. Wenn ich mit einem Orchester für ein Symphoniekonzert drei Proben habe – in den klassischen Symphonien ist ja kaum ein Taktwechsel –, was kann da am Abend schon passieren? In der Oper muß man jeden Moment gewärtig sein, daß einem Sänger etwas schiefgeht. Es gibt verschiedene Stimmgattungen, die besonders großartig im »Extemporieren« sind, und da muß man auf dem *Quivive* sein, da kann nur die Routine helfen. Ich habe es erlebt, daß begabte junge Kollegen, die vorher nie Opern dirigiert hatten, hier einfach versagten. Nur die Routine ermöglicht es einem, den Unterschied zwischen Podium und Bühne zu erkennen und im Bruchteil einer Sekunde entscheiden zu können: Kann ich den Sänger halten, der mir »davonrennen« will, oder muß ich ihm »nachlaufen«, weil sonst alles auseinanderfällt? Das habe ich glücklicherweise von der Pike auf gelernt, denn ich habe mit der Schauspielmusik angefangen und später zahlreiche Operetten dirigiert, bei denen man sich eine enorme Fertigkeit aneignet, dem Operettensänger notgedrungen Konzessionen zu machen.

Das oberste Gesetz für einen Dirigenten ist es – auch und vor allem in der Oper –, das Orchester zusammenzuhalten; bei einer markanten Stelle wird man den Sänger wieder »einfangen«. Zur Rechtfertigung der Künstler auf der Bühne muß man aber auch bekennen, daß sie es wirklich manchmal schwer haben: Sie stecken in einem Kostüm, das sie oft einengt, sie sind meistens sehr aufgeregt, dazu müssen sie auswendig singen und gleichzeitig in oft schwierigen Stellungen spielen. Man kann beim Chor zum Beispiel deutlich feststellen, wie er häufig durch Bewegung aus dem Rhythmus gebracht wird; bewegt er sich rasch, wird er schneller, bewegt er sich langsam, verlangsamt sich meistens auch das Tempo.

Das möchte ich noch erwähnen: Man soll probieren, viel probieren, muß aber einen gewissen Reiz für die Premiere der Oper oder des Konzerts offen lassen. Überprobieren ist ebenso schlecht wie unterprobieren.

So sehr ich meinen Beruf liebe, so genau weiß ich, wieviel von einem Dirigenten am Abend abhängt, denn hier laufen wirklich alle Fäden zusammen; er bestimmt das Tempo, die Agogik, eigentlich die ganze Stimmung.

Heute aber werden – meiner Meinung nach vor allem in der Oper – der Dirigent und noch mehr der Regisseur oft überbewertet. Natürlich muß der Regisseur mit den modernsten Mitteln der Beleuchtung, der Dekoration und der Bühnentechnik im allgemeinen vertraut sein und sie anwenden; dann aber hat er auch die Pflicht, in der Oper alles zu tun, um das Publikum zum Hauptgeschehen hinzuwenden und nicht, wie es häufig der Fall ist, davon abzulenken. Die Oper ist doch an und für sich etwas ganz Unwirkliches – denn wo gibt es im Leben eine Situation, in der sich zwei Liebende fünfundzwanzig Minuten lang ansingen! Dieser Irrealität der Oper muß man eben auch in der szenischen Gestaltung Rechnung tragen. Es kommt darauf an, den Kern der Handlung herauszuschälen und die Sänger möglichst günstig aufzustellen, damit sie den Kapellmeister sehen und vor allem hinaussingen können! Das Publikum will in erster Linie Stimmen *hören*, und wenn man das künstlich verhindert, wird es mit Recht sauer reagieren. Andererseits muß man natürlich der Tatsache Rechnung tragen, daß die Zuhörer heute durch Film und Fernsehen in bezug auf das Aussehen und die Aktion der Sänger mehr als verwöhnt sind.

Was den Dirigenten betrifft, so bin ich der Meinung – ob Oper oder Konzertsaal –, daß er nur die Bewegungen machen soll, die notwendig sind, um sich dem Orchester rhythmisch und ausdrucksmäßig mitzuteilen – ein Mehr ist *Show*, die dem Dirigenten kein Orchester der Welt abnimmt. Die Gesten sollen also nicht um ihrer selbst willen gemacht werden, sondern einfach Ausdruck seines Musikerlebnisses sein. In diesem Zusammenhang möchte ich sagen: Es macht mich glücklich, daß es in der Welt einen Platz gibt, an dem man den Dirigenten nur nach dem *Hören* und nicht nach dem *Sehen* beurteilen muß: das Bayreuther Festspielhaus!

Daß ein Dirigent, der ständig dieselben Werke dirigiert, auf die Idee kommt, irgendeine Gegenstimme über Gebühr hervorzuheben oder aus einem Ritardando ein Accelerando zu machen – nur damit die Leute nachher sagen: Das haben wir noch gar nie gehört! –, ist kunstfeindlich, beruht auf persönlicher Eitelkeit und ist ganz einfach geschmacklos.

Ich finde, daß sich der Dirigent ebenso wie jeder andere, am künstlerischen Gelingen eines Abends Beteiligte, einzuordnen hat, obwohl er die Zentrale ist. Früher war es so, daß er nicht einmal auf dem Programmzettel genannt wurde. In München wie in Bayreuth war das erst sehr viel später der Fall. Und trotzdem hat man in tiefster Verehrung von einem Hans Richter oder einem Hermann Levi gesprochen. Und nur so konnte es geschehen, daß – obwohl man wußte, daß Levi den ›Parsifal‹ dirigieren würde – Wagner zu Levi sagen konnte: »Den Akt dirigiere jetzt ich.« Und er ging hinunter und dirigierte ihn.

Es schmälert niemals das Verdienst irgendeines am künstlerischen Gelingen Beteiligten, wenn er sich in den Gesamtplan einordnet; denn das Wichtigste ist und bleibt immer der *Wille des Komponisten* und das *Werk*, das zur Aufführung gelangt.

Immer wieder werde ich gefragt, was ich vom Dirigierunterricht halte. Ehrlich gesagt: nicht sehr viel – um so mehr, als ich selbst nie in meinem Leben Dirigierunterricht bekommen habe. Trotzdem hatte ich, soweit es meine Zeit erlaubte, einige Schüler, von denen Omachi, der nach meiner Meinung der begabteste war, heute in seiner Heimatstadt Tokio in einer erstklassigen Konzertstellung tätig ist.

Man kann einem Dirigentenschüler nur die eigenen Erfahrungen bei der Behandlung des Orchesters und technische Einzelheiten mitteilen, ihm vielleicht auch noch einige Anregungen über die Schlagtechnik geben. Das Talent muß *er* haben; und für mich gilt noch immer das Wort, das Hans Richter meinem Vater auf die Frage: »Wie wird man Dirigent?« gegeben hat: »Man geht aufs Podium – und entweder kann man es oder man lernt es nie!«

# Anhang

Richard Strauss an Karl Böhm

Lieber Freund!
Es war rührend von Ihnen, nach der furchtbaren Wiener Katastrophe sofort meiner zu gedenken. Meinen Schmerz können Sie sich wohl vorstellen! Gott sei Dank, daß Sie u. Ihre liebe Frau keinen persönlichen Schaden gelitten habe. Ich habe Ihnen bis jetzt nicht geantwortet, da mir Richard keine genaue Adresse von Ihnen geben konnte. Ich versuche jetzt doch Abschriften dieses Briefes nach Kammer und Werfen zu senden, da nach neuesten Nachrichten ein Aufbau in Wien nicht ohne Aussicht ist u. ich Ihnen hiezu mit meinen innigsten Wünschen so eine Art Testament: mein künstlerisches Vermächtnis wenigstens schriftlich geben möchte, da es mir wohl kaum mehr möglich sein wird, Sie bei Ihrer großen bevorstehenden Kulturarbeit in persona zu unterstützen! Nachfolgend von mir ein im Lapidarstil (der natürlich noch ausführlicher mündlicher Erläuterung bedürfte) schon vor einiger Zeit niedergeschriebenes Memorandum über die Bedeutung der Oper u. ihre von mir erhoffte Zukunft besonders in Wien, dem Kulturzentrum Europas!

Von Joh. Seb. Bach wurde die *deutsche Musik* erschaffen, die Geburt der *Mozartschen Melodie* ist die Offenbarung der von allen Philosophen gesuchten *menschlichen Seele*. Das von Joseph Haydn erschaffene, mit Sprache begabte, von Weber, Berlioz und Rich. Wagner vollendete Orchester ermöglichte im Musikdrama die höchsten Kunstleistungen des Menschengeistes als oberste Gipfel und Abschluß einer 2000jährigen Kulturentwicklung.

Trotz des Monumentalbaus von Bayreuth ist die Pflege der »Oper« von Gluck bis zu meinen Werken an unseren Theatern (ungeachtet besonderer Einzelleistungen unter Schuch, Dr. Böhm, Cl. Krauss, Rudolf Hartmann, Gielen, Sievert) im allgemeinen der hohen Bedeutung dieser schönsten Kunstform nicht entsprechend.

Trotz guter Subventionen unterliegt ihr Betrieb noch mehr oder minder geschäftlichen Gesichtspunkten u. entspricht nicht den Forderungen, die ihre kulturelle Bedeutung zu stellen berechtigt ist. Meine Stellung gegenüber dem einmaligen Phänomen des Bayreuther Festspielhauses ist bekannt. Trotz kleiner Mängel der Orchesterakustik ist es nach dem Willen seines Schöpfers der würdigste Raum für Tristan, Nibelungenring, Parsifal.

Allen Opernwerken wird mit Ausnahme des Bayreuth ausschließlich vorzubehaltenden Parsifal das italienische Barockopernhaus gerecht. Doch erfordert die verschiedenartige Form der gesamten Opernliteratur zwei Theater von verschiedener Größe: für die sogenannte Spieloper und für ernste Opern mit normaler Orchesterbesetzung: 10–12 erste Violinen, 8 bis 10 zweite, 6 bis 8 Bratschen, 6 bis 8 Celli, 4 bis 6 Contrabässe, 2 bis 4 Hörner, 2 Trompeten, 3 Posaunen, Tuba, eine Harfe, zweifaches Holz, einen Zuschauerraum von 12 bis 1500 Personen (hiefür ist ein ideales Haus das Theater an der Wien).

Für die sogenannte große Oper einen Fassungsraum von 1800 bis höchstens 3000 Personen, Orchester 16 erste, 16 zweite Violinen, 12 Bratschen, 12 Celli, 8 Contrabässe, 4 bis 6 Harfen und die vorgeschriebene Bläserbesetzung. Für meine Elektra z. B. 30 Violinen, 18 Bratschen, 12 Celli, 8 Bässe – also für Ring, Salome, Elektra, Frau ohne Schatten, für 105 bis 110 Musiker einen zwar hochliegenden Orchesterraum wie in der Wiener Oper, der aber im Bedarfsfalle z. B. für den Ring hydraulisch auch etwas versenkbar. –

Wie nun der Staat der *bildenden Kunst Museen* geschaffen hat, in denen die größten Kunstwerke der Vergangenheit *ausschließlich* und *unvermischt* mit Werken von niederer Gattung und minderer Qualität dem Bedürfnis des kunstliebenden Volkes sich darbieten, so wäre in Hinsicht auf die corrumpierende Wirkung, die ein Opernspielplan (wie er heute noch alltäglich eine Spielfolge aufweist) z. B. Tannhäuser, Cavalleria, Bajazzo, Zauberflöte, Fledermaus, Siegfried, Land des Lächelns, Parsifal ausübt, es für Großstädte wie Wien, Berlin, Hamburg, München, Dresden zu empfehlen, resp. zu fordern, in mindestens je zwei Opernhäusern: die Werke der *verschiedenen* Gattung zu spielen u. zwar im großen Haus quasi eine permanente Ausstellung der größten Werke der Literatur in erstklassiger Ausführung in immer währender Probenarbeit auf der Höhe gehalten, ohne daß täglich gespielt wird mit dem besten Künstler- u. Orchestermaterial, das nicht durch Belästigung mit minderwertigen Werken zwischendurch immer wieder verdorben ist.

Den Unterschied zwischen einer Bildergalerie, in der wenn nur gut beleuchtet ein Tizian u. Rembrandt nicht täglicher Erneuerung bedarf u. einem jedesmal neugeborenen Tristan brauche ich wohl nicht näher auszuführen.

Der Spielplan eines solchen *Opernmuseums*, auf den die gebildete Welt denselben Anspruch hat wie an die Pinakothek oder den Prado u. Louvre wäre ausschließlich:

*Gluck:* Orpheus, Alkeste, Armida, die beiden Iphigenien in neuer u. R. Wagners Bearbeitung

*Mozart:* Idomeneo (in Bearbeitung von Wallerstein, R. Strauss), Figaro, Don Juan, Così fan tutte, Zauberflöte

*Beethoven:* Fidelio

*Weber:* Freischütz, Euryanthe, Oberon

*Berlioz:* Benvenuto Cellini, Trojaner

*Bizet:* Carmen

*Verdi:* Aïda, Simone Boc[c]anegra, Falstaff

*R. Strauss:* Salome, Elektra, Rosenkavalier, Frau ohne Schatten, Friedenstag, Daphne, Ägyptische Helena, Liebe der Danae, Josefslegende

*R. Wagner:* Rienzi (ungestrichen) bis Götterdämmerung.

In dieses Opernmuseum könnte der historischen Wissenschaft halber als Gegenbeispiel (Rienzi – Prophet, siehe gesammelte Schriften!) ein oder das andere Werk der sog. großen Oper vom Anfang des vorigen Jahrhunderts (Robert der Teufel, Hugenotten, Afrikanerin, Jüdin) vorübergehend aufgenommen werden, wie auch in großen Galerien ab u. zu Sonderveranstaltungen stattfinden.

Die zweite, der großen Oper angegliederte Bühne, ich nenne sie kurz Spieloper: opéra comique in Wien, das hiefür außerordentlich geeignete, wundervoll akustische »Theater an der Wien«, die Geburtsstätte der Zauberflöte\*, die nur geringfügiger Reparaturen u. technisch zeitgemäßer Instandsetzung bedarf, verfügt über folgenden, dem Bildungs- wie bessern Unterhaltungsbedürfnis gleich gerechten Spielplan von folgender Auswahl.

*Adam:* Postillon von Lonjumeau

*d'Albert:* Tiefland, Die Abreise

*Auber:* Die Stumme von Portici, Fra Diavolo, Der schwarze Domino, Maurer u. Schlosser, Teufels Anteil

*Bellini:* Norma, Die Nachtwandlerin

*Berlioz:* Beatrice und Benedict

*Leo Blech:* ›Das war ich‹, Versiegelt

*Boieldieu:* Die weiße Dame, Johann von Paris

*Bizet:* Djamileh, Perlenfischer

*Cornelius:* Barbier von Bagdad, Der Cid

*Charpentier:* Luise

*Cherubini:* Der Wasserträger

---

\* Hier irrt Strauss: ›Die Zauberflöte‹ gelangte im Freihaustheater auf der Wieden rund zehn Jahre vor Eröffnung des Theaters an der Wien zur Uraufführung.

*Chabrier:* Gwendoline, Der König hat's gesagt
*Cimarosa:* Die heimliche Ehe
*Dittersdorf:* Doktor und Apotheker
*Donizetti:* Regimentstochter, Don Pasquale, Liebestrank, Lucia
v. Lammermo[o]r
*Dvořák:* Der Jakobiner
*Flotow:* Martha, Alessandro Stradella
*Goldmark:* Königin von Saba
*Gounod:* Arzt wider Willen
*Humperdinck:* Hänsel und Gretel, Königskinder, Heirat wider
Willen
*Kienzl:* Evangelimann
*Kreutzer:* Nachtlager von Granada
*Korngold:* Der Ring des Polykrates
*Lortzing:* Die beiden Schützen, Waffenschmied, Wildschütz, Zar
u. Zimmermann
*Leoncavallo:* Bajazzo
*Marschner:* Hans Heiling, Der Holzdieb
*Mehul:* Joseph in Ägypten
*Mascagni:* Cavalleria rusticana
*Nicolai:* Die lustigen Weiber
*Offenbach:* Die schöne Helena, Orpheus i. d. Unterwelt
*Pergolesi:* Serva Padrona
*Pfitzner:* Palestrina
*Alexander Ritter:* Der faule Hans, Wem die Krone
*Joh. Strauss:* Fledermaus (im Original!), Zigeunerbaron
*Smetana:* Die verkaufte Braut, Der Kuß, Zwei Witwen, Dalibor
*Max Schillings:* Ingwelde, Pfeifertag
*Hans Sommer:* Loreley, Rübezahl
*Schubert:* Der häusliche Krieg
*Tschaiko[w]sky:* Pique Dame, Eugen Onegin
*Mussor[g]sky:* Boris Godunow
*Rich. Strauss:* Guntram, Feuersnot, Ariadne, Intermezzo, Ara-
bella, Die schweigsame Frau, Capriccio
*Verdi:* Troubadour, Traviata, Rigoletto, Maskenball – ferner (ein
neuer Gedanke!), da in manchen früheren, als Ganzes für uns heute
unerträglichen Opern wie Macbeth, Luise Miller, Sizilianische Ves-
per einzelne geniale Partien enthalten sind, empfehle eine Art Pot-
pourri von einzelnen Szenen, wie z. B. die Wahnsinnsszene der Lady
Macbeth, das Ballett im Costüm und szenischer Darstellung an
einem historischen Verdi-Abend vorzuführen.

Othello verurteile ich im ganzen, wie alle zu Operntexten *verunstalteten* Libretti nach klassischen Dramen wie z. B. Gounods Margarete, Rossinis Tell, Verdis Don Carlos! Sie gehören nicht auf die deutsche Bühne.

Das jetzige Theater der Stadt Wien sei als dritte Bühne u. Volksoper zu billigen Preisen, in der alle Werke mit Ausnahme der technisch u. besetzungsmäßig (besonders was Orchester und Chor betrifft) allzu anspruchsvollen Opern: z. B. Tannhäuser, Lohengrin, Tristan, Meistersinger, Nibelungenring gespielt werden können u. ebenso wie in der staatlichen »Spieloper« sorgfältig geprüfte, nicht bloß aus Uraufführungsehrgeiz angenommene, Personal unnötig belastende Novitäten »zur Diskussion gestellt« werden, [die] außer der darüber lange Artikel schreibenden Kritik nur in seltenen Fällen auch dem Publikum Vergnügen bereiten.

Auch hier empfiehlt sich bei Aufstellung der alljährlichen Spielpläne zwischen Spieloper u. Volksoper Vereinbarung, daß nicht in beiden Instituten in demselben Jahre die gleichen Werke gespielt u. für das opernfreudige Publikum der Großstadt eine größere Mannigfaltigkeit des Gesamtspielplans erzielt werde. Auch dem wichtigen Ballett kann bei diesem meinem Plan ein größerer Spielraum eingeräumt werden, ebenso wie schönen dramatischen Werken von *Bedeutung* wie Egmont, Sommernachtstraum, Manfred.

Lieber Freund! Dies wäre in grobem Umriß das künstlerische Testament, das ich als Ihr Vorgänger an der so grausam vernichteten herrlichen Wiener Oper Ihnen hinterlassen möchte. Hoffentlich können wir uns darüber noch einmal vor meinem Ende mündlich unterhalten! Sie wissen, daß Sie hier jederzeit herzlich willkommen sind bei Ihrem mit besten Wünschen und wärmsten Grüßen von der ganzen Familie für Sie u. Ihre liebe Frau

stets treu u. aufrichtig ergebenen

Dr. Richard Strauss

# Personen- und Sachregister

*Die kursiv gesetzten Ziffern beziehen sich auf den Bildteil*

Alfred Andersch
im Diogenes Verlag

*Efraim*
Roman · Diogenes Sonderband
Nelly-Sachs-Preis 1967 · Charles-Veillon-Preis 1968

*Norden Süden rechts und links*
Von Reisen und Büchern 1951–1971

*Hohe Breitengrade*
*oder Nachrichten von der Grenze*
Reisebericht · Mit 48 Farbtafeln
nach Fotos von Gisela Andersch

*Mein Verschwinden in Providence*
Neun neue Erzählungen

*Wanderungen im Norden*
Reisebericht · Mit 32 Farbtafeln
nach Fotos von Gisela Andersch

*Gesammelte Erzählungen*
1951–1963 · Diogenes Sonderband

*Die Rote*
Roman · Neue Fassung 1972 · Diogenes Sonderband

*Sansibar oder der letzte Grund*
Diogenes Sonderband und Diogenes Taschenbuch
(detebe 1/II)

*Die Kirschen der Freiheit*
Ein Bericht · Diogenes Taschenbuch (detebe 1/I)

*Hörspiele*
Diogenes Taschenbuch (detebe 1/III)

# Auf den Brettern,
# die die Welt bedeuten
# Theaterbiographien

# Allgemeine Reihe dtv

# Musik
# im dtv

Deutscher
Taschenbuch
Verlag